elefante

elefante

**EDIÇÃO**
Tadeu Breda
Luiza Brandino

**PREPARAÇÃO**
Érico Melo

**REVISÃO**
Aminah Haman
Adriana Moreira Pedro

**CAPA & PROJETO GRÁFICO**
Mateus Valadares

**DIAGRAMAÇÃO**
Daniela Miwa Taira

**ASSITÊNCIA DE ARTE**
Yana Parente

**DIREÇÃO DE ARTE**
Bianca Oliveira

# ILAN PAPPE

# BREVÍSSIMA HISTÓRIA DO CONFLITO ISRAEL-PALESTINA

TRADUÇÃO
ALEXANDRE BARBOSA DE SOUZA

# Introdução

Desde 7 de outubro de 2023, quando o Hamas atacou Israel na Operação Dilúvio em Al-Aqsa, os olhos do mundo se voltaram para um país onde parece não haver qualquer acordo, nem mesmo quanto ao seu nome oficial. Os israelenses chamam essa terra de Eretz Israel. Os palestinos, de Palestina. No dia 7 de outubro, cerca de 1.200 israelenses – a maioria civis – perderam a vida, e 240 foram feitos reféns, muitos dos quais ainda não voltaram para casa. A reação de Israel, batizada como Operação Espadas de Ferro, matou mais de trinta mil palestinos até o momento; aproximadamente um terço eram crianças.[1] Este livro é uma história concisa de como isso aconteceu, seja para aqueles que estão vendo o conflito se desdobrar pela primeira vez, seja para quem há muitos anos tem se dedicado ao ativismo pela paz e pela justiça na região.

O conflito não começou naquele 7 de outubro. Ao condenar os horrores perpetrados pelo Hamas, António Guterres, secretário-geral da Organização das Nações Unidas (ONU), lembrou ao mundo que os palestinos têm sido submetidos a "56 anos de uma ocupação sufocante" desde a vitória israelense na Guerra dos Seis Dias, em 1967. Mas as raízes do conflito remontam a muito antes disso, mergulham mais fundo no passado, são anteriores a 1948, quando foi fundado o Estado de Israel. Seus primórdios podem ser encontrados no final do século XIX. A história, como tudo o mais, tem sido disputada – obscurecida por poderosos interesses políticos e

1 Em abril de 2025, o número de palestinos assassinados por Israel na Faixa de Gaza desde 7 de outubro de 2023, de acordo com as Nações Unidas, já havia ultrapassado 50 mil, incluindo 15 mil crianças, 8 mil mulheres e 4 mil idosos. [N.E.]

pela polarização de ambas as partes. Mas eu sou historiador, e fornecer contextos não é o mesmo que oferecer pretextos.

Pretendo lançar luz sobre os principais acontecimentos, personalidades e processos desde a chegada dos primeiros colonos judeus à Palestina histórica até os nossos dias, a fim de explicar por que esse conflito se tornou tão complexo. Não desejo ser exaustivo: existe uma vasta bibliografia publicada ao longo de décadas para os interessados em se aprofundar no assunto. Mas acredito que qualquer pessoa contrária à opressão e à injustiça seja capaz de entender os fundamentos do que hoje conhecemos como "conflito Israel-Palestina". Este livro é minha tentativa de torná-lo legível.

# 1

# Quando e onde o conflito começou?

A resposta curta é: no final do século XIX, quando a Palestina estava novamente sob domínio otomano, como estivera desde 1516, excetuados alguns breves interregnos. Estima-se que nessa época cerca de meio milhão de pessoas viviam na Palestina, em três distritos do Império Otomano: Nablus, Akka e Jerusalém. Esses três distritos abrangiam mais ou menos a área atual de Israel e dos territórios ocupados da Faixa de Gaza e da Cisjordânia. Aproximadamente 70% dos habitantes eram muçulmanos, embora houvesse consideráveis minorias cristãs e judaicas.

Nos mapas de viajantes e diplomatas do mundo inteiro, essa região levava o nome de Palestina, e seu povo era chamado de "árabes da Palestina". Falavam um dialeto árabe e usavam trajes ricamente bordados, que denotavam a que aldeia e tribo pertenciam. Mas, entre os anos 1830 e o final do século, a Palestina, como o restante do mundo, estava em transformação. O século XIX foi a era do nacionalismo, e a Palestina não ficou imune. Suas elites urbanas, como as de Damasco, Damietta e Beirute, reavivaram o interesse pela literatura e pela cultura árabes, formando uma identidade nacional com base na língua compartilhada. Seus intelectuais defenderam uma reunificação pan-árabe, do Marrocos ao Iraque, da Síria ao Iêmen e ao Sudão. O nascente sentimento pan-arabista ganhou popularidade em resposta à ascensão dos Jovens Otomanos, um movimento de reforma que visava impor uma identidade nacional turca a todo o império, composto de dois terços de árabes. A Constituição Otomana de 1876, uma vitória dos Jovens Otomanos, determinou que o turco seria a única língua oficial do Estado. Muitos súditos árabes, como os palestinos, justificadamente se revoltaram contra essa tentativa de colonização cultural. A tendência se intensificou quando os Jovens

Turcos, sucessores ideológicos dos Jovens Otomanos, tomaram o poder em 1908.

O nascimento da moderna identidade palestina coincidiu com um vibrante renascimento cultural, liderado por escritores, poetas e jornalistas de vanguarda, como Ruhi al-Khalidi e Najib Nassar, para mencionar apenas dois deles. Nessa época, dizia-se que os melhores livros eram escritos no Cairo, impressos em Beirute e lidos em Yafa. A Palestina nunca se separou do mundo árabe; é parte integrante dele. Evidentemente, nunca foi uma "terra sem povo", pronta para ser tomada, como os sionistas costumam declarar.

Além dessa transformação cultural, em seus últimos anos o Império Otomano modernizou a Palestina. Em Jerusalém e Nablus foram estabelecidos novos governos locais, com administrações reformistas. No início do século XX, assinaram-se planos e contratos para a construção de linhas de bonde, o fornecimento de energia elétrica e a reparação dos antigos sistemas de esgoto. Segundo esse programa, as cidades provincianas acabariam se tornando urbes modernas. No entanto, depois do início da Primeira Guerra Mundial (1914-1918), muitas dessas ambições grandiosas ficaram no papel.

Enquanto a Palestina avançava para o limiar de uma nova era, porém, o sionismo desembarcou no território.

O sionismo chegou como uma importação estrangeira. Teve início no século XVI, como um projeto cristão da Europa. Um número significativo de protestantes acreditava que o retorno do povo judeu a "Sião" faria com que as promessas feitas por Deus no Antigo Testamento fossem cumpridas. Seria o prenúncio da segunda vinda de Cristo, que marcaria o começo do fim do mundo – um processo que muitos evangélicos desejavam acelerar.

Esses cristãos foram os primeiros a considerar os judeus como membros de uma nação ou raça, em vez de seguidores de uma religião. Eram particularmente ativos nos Estados Unidos e na Inglaterra e alguns tiveram cargos importantes, como William Blackstone e lorde Shaftesbury.

O que os motivava? Certamente, não era uma simpatia pelos judeus. Alguns eram assumidamente antissemitas e viam a Palestina como um local onde despejar os judeus que viviam nos Estados Unidos, na Inglaterra e na Europa, e que jamais seriam aceitos como cidadãos plenos em seus respectivos países. Mas isso também era politicamente oportuno, sobretudo para as elites governantes. Aos olhos delas, os judeus podiam ser compelidos por motivos religiosos a retomar a "Terra Santa" (como eles nomeavam a Palestina) das mãos dos "muçulmanos", isto é, do Império Otomano, que vinha frustrando as pretensões imperialistas das potências europeias na região.

Alguns intelectuais e ativistas judeus se inspiraram no sionismo cristão, independentemente dos cínicos motivos desse movimento. Os fundamentalistas cristãos de hoje, chamados de *christian zionists* [sionistas cristãos] nos Estados Unidos, subscrevem essas ideias e constituem o mais importante lobby pró-Israel no país, não apenas fornecendo apoio ao governo israelense, mas também defendendo a anexação e a judaização da Cisjordânia ocupada.

No entanto, é preciso diferenciar o sionismo cristão do sionismo judaico. Este último foi motivado por dois impulsos. O primeiro, a princípio, era uma resposta ao recrudescimento da violência antissemita na Europa Central e do Leste, onde os pogroms[2] ceifaram centenas de vidas. A Europa sempre teve um pendor pelo antissemitismo – durante séculos, os cristãos tacharam os judeus de "assassinos de Cristo",

2 O termo se refere historicamente aos violentos ataques populares instigados pelos czares contra os judeus do Império Russo. [N.E.]

preconceito ao qual agregaram várias atrocidades, como o infame libelo de sangue.[3] No final do século XIX, em meio ao fervor do nacionalismo moderno, os judeus passaram a ser retratados como uma nação à parte, abominável e ardilosa, no interior de cada país. Mas o sionismo não foi uma resposta instintiva ao crescente antissemitismo da época; na verdade, não era sequer popular. Sugerir a um grupo enraizado há séculos na Europa que se transplantasse em massa para uma terra quente e seca, a milhares de quilômetros de distância, onde se falava outra língua, era uma proposta muito difícil de aceitar. Milhares de trabalhadores judeus se organizaram em movimentos socialistas, na crença de que a revolução e a derrubada do sistema capitalista os libertariam da opressão que sofriam enquanto judeus. Outros, sem dúvida tendo em mente a arbitrária brutalidade do Império Russo, defendiam a construção de democracias liberais fortes como uma oportunidade de se tornarem cidadãos plenos e iguais, resolvendo assim a "Questão Judaica". O Holocausto destruiu qualquer fé nessas opiniões. Depois do assassinato de mais de seis milhões de judeus – e de um longo período no qual milhares de sobreviventes de campos de concentração definharam em campos de "refugiados", sem nenhum país europeu disposto a aceitá-los –, viver em segurança na Europa antes ocupada pelos nazistas não parecia mais possível. Só então o movimento sionista conquistou apoio genuinamente disseminado no mundo judaico.

O segundo impulso foi o nacionalismo. Na Europa da virada do século XIX para o XX, muitos grupos étnicos sob o jugo de vastos impérios burocratizados, como o russo e o austro-húngaro, começaram a organizar movimentos nacionais a

3 Alegações que acusam os judeus de sacrificar e usar o sangue de crianças não judias em rituais religiosos. [N.E.]

fim de lutar pela restauração de seus direitos. Assim, diversos coletivos etnolinguísticos organizaram lutas de autonomia nacional-cultural na Polônia, na Ucrânia, na Tchéquia e na Sérvia, entre outros países. Alguns intelectuais judeus viam a estrutura nacional como uma forma de modernizar a identidade judaica, isto é, de atualizá-la. Isso exigia a ressurreição da antiga língua hebraica e a releitura dos textos religiosos do judaísmo como textos políticos, dos quais o mais importante era o Antigo Testamento. Diferentemente dos judeus ortodoxos, os sionistas seculares, tal como os cristãos evangélicos, começaram a interpretar o Antigo Testamento como um documento histórico que comprovava que a Palestina pertencia ao povo judeu. Os ortodoxos o liam como um texto religioso e moral que obrigava os judeus a obedecer às leis estabelecidas por Deus para a humanidade.

Após uma onda particularmente cruel de pogroms no sudoeste do Império Russo, em 1881, um grupo de jovens judeus decidiu se mudar para a Palestina, na esperança de que, com seu zelo e propósito, pudessem inspirar outros a seguir seu exemplo. Eles chegaram à região em 1882. Tinham direito a comprar terras e contavam com o dinheiro fornecido por filantropos e empresários judeus, como os Rothschild. Em grande medida, as terras que adquiriram pertenciam a donos ausentes – isto é, gente rica que morava fora da Palestina e comprara glebas do Estado após a reforma da lei de terras otomana, em meados do século XIX.

Antes dessas reformas, quase não existiam propriedades rurais privadas no Império Otomano. A terra era arrendada pelo governo aos proprietários ou fazendeiros que construíssem benfeitorias nas aldeias. Muitas dessas aldeias já existiam havia séculos. Na Palestina, algumas delas eram anteriores à fundação do Império Otomano, por volta de 1300. Sob o novo regime jurídico, porém, as terras aldeãs, anteriormente arrendadas pelo Estado, tornaram-se propriedade privada. Na perspectiva otomana, a terra podia mudar de mãos sem que nada se alterasse na prática: subentendia-se que a terra incluía seus ocupantes agregados, isto é, os moradores das aldeias e as próprias aldeias. Como os primeiros colonos sionistas queriam formar os próprios coletivos agrícolas, suas primeiras aquisições foram terras não cultivadas, onde, em geral, ninguém vivia.

Isso mudaria durante o Mandato Britânico, após o colapso do Império Otomano no final da Primeira Guerra Mundial, como veremos adiante. O movimento sionista apelou aos regentes britânicos da Palestina que desconsiderassem o costume otomano e exigiu que os ingleses reconhecessem seu direito de expulsar os palestinos das aldeias abrangidas por suas propriedades.

Os primeiros colonos judeus, que desembarcaram em Yafa no verão de 1882, não tinham nenhuma noção de agricultura. Eram na maioria ex-estudantes universitários, criados em cidades do Leste Europeu, sem nenhuma aptidão rural. Eles precisaram da ajuda de lavradores palestinos, que lhes ensinaram como revolver e arar a terra para fazê-la dar frutos. Ainda assim, o líder desse primeiro grupo, Israel Belkind, nunca se adaptou ao trabalho agrícola e ganhava a vida como professor itinerante. Os palestinos sem dúvida pensaram que estavam salvando da inanição aqueles jovens e ingênuos idealistas, e provavelmente não faziam ideia de como eram percebidos pelo projeto sionista. Já nas primeiras propagandas sionistas, os palestinos aparecem, na melhor das hipóteses, como estrangeiros na própria terra natal; na pior, como usurpadores das terras que por direito pertenciam ao povo judeu desde os tempos do Antigo Testamento. Mesmo nesse estágio inicial, os pensadores sionistas não viam a emigração ao Oriente Médio como uma fuga desesperada do antissemitismo na Europa, mas sim como uma preparação de terreno para a tomada da Palestina.

Nos estertores do domínio otomano, em 1918, os colonos judeus compunham cerca de 5% ou 6% da população da Palestina. Uma minoria, mas uma minoria organizada.

Paralelamente aos acontecimentos na Palestina, os sionistas europeus começaram a advogar a formação de uma pátria judaica nos bastidores do poder, essencialmente por meio da diplomacia governamental. Esses esforços foram capitaneados por Theodor Herzl, um judeu austríaco, jornalista e dramaturgo, que entrou para a história como um dos pais fundadores e uma das forças motrizes do projeto sionista moderno. Herzl tentou consolidar uma estrutura política mais efetiva como meio de alcançar os objetivos sionistas. Com esse intuito, organizou, na Basileia, em 1897, o Primeiro Congresso Sionista, que adotou o programa de estabelecer um "lar para o povo judeu na Palestina". O programa não fazia menção ao que aconteceria aos palestinos se esse lar efetivamente fosse construído. No entanto, Herzl claramente não era otimista quanto à possibilidade de uma coexistência pacífica. Em seus diários de 1895, ele expressa a esperança de que a "população depauperada", isto é, os palestinos pobres, "desaparecesse" através das fronteiras com as províncias e os países vizinhos.

Herzl previra que, sob pressão das potências europeias, o Império Otomano estaria disposto a ceder a Palestina ao movimento sionista. E chegou a oferecer dinheiro – uma quantia que na verdade ele não tinha – à Sublime Porta[4] em troca desse arranjo. Mas os otomanos o recusaram. Vendo seu sonho desvanecer, Herzl mudou de abordagem e sugeriu ao governo britânico que o Estado judeu não precisaria ser

4 Designação dada ao governo otomano entre 1718 e 1922. [N.E.]

estabelecido na Palestina; poderia ser em Uganda, então sob controle dos ingleses. Londres estava aberta a negociações, mas, quando Herzl apresentou a proposta ao Congresso Sionista de 1903, a questão quase provocou um racha no movimento. Nessa altura, a saúde de Herzl já estava debilitada, e ele morreu no ano seguinte. Foi enterrado onde hoje é Israel e descansa eternamente numa terra que visitou uma única vez. Em 1905, o Congresso Sionista rejeitou definitivamente o esquema de Uganda. A partir de então, ou a pátria judaica seria estabelecida na Palestina ou em lugar nenhum.

Outros influentes ideólogos sionistas, como David Ben-Gurion e Menachem Ussishkin, não davam muita importância à aprovação governamental, fosse dos ingleses ou dos otomanos. Em seus diários, fica evidente que, mesmo na primeira fase da colonização (1882-1918), eles já imaginavam uma Palestina sem palestinos e discutiam abertamente como fazê-lo. Diferentemente de Herzl, que não sentia nenhuma afeição especial pela Palestina, esses sionistas se instalaram na região. A legitimidade internacional tão vigorosamente perseguida por Herzl não tinha relevância para eles. Sua prioridade era estabelecer fatos consumados no território. Todo o resto seria uma consequência.

Chaim Weizmann sucedeu Herzl como líder do movimento sionista oficial. Russo, emigrara para Manchester, na Inglaterra. Quando assumiu a liderança do movimento, entendeu que seu papel seria construir um forte lobby pró-sionista no Reino Unido e nos Estados Unidos. O lobby era necessário porque, por mais que os sionistas insistissem que a Palestina era uma região despovoada, ela evidentemente não era. Weizmann precisou montar um aparato lobista capaz de convencer os britânicos a desconsiderar as aspirações dos palestinos nativos e apoiar a fundação de um Estado judaico no território, que seria vendido aos ingleses como uma fortaleza contra o Império Otomano, um posto avançado da Europa no Oriente Médio.

O início da Primeira Guerra Mundial dificultou muito essa tarefa. O principal aliado da Inglaterra no mundo árabe era a dinastia hachimita. Os hachimitas dominavam Meca e Medina, os dois lugares mais sagrados do Islã. Em 1916, eles foram convencidos a se revoltar contra o Império Otomano, aliado da Alemanha e do Império Austro-Húngaro, mediante a promessa britânica de que, como representantes do movimento nacionalista pan-arabista, dominariam os territórios árabes então sob o jugo otomano. Esses territórios incluíam a Palestina.

Se o Reino Unido tivesse honrado a sua palavra, a história moderna do Oriente Médio seria totalmente diferente. Mas, durante a Primeira Guerra Mundial, Weizmann começou a construir ligações entre o movimento sionista e o governo britânico. O líder judeu avaliou corretamente que a Inglaterra seria essencial para o futuro da Palestina. Londres já antevia o fim da guerra e a derrocada do Império Otomano, que desenharia um novo mapa do Oriente Médio. A Palestina desempenharia um papel vital na proteção dos interesses imperialistas britânicos na região.

Weizmann organizou um lobby pró-sionista na Inglaterra composto de cristãos piedosos que acreditavam que o "retorno dos judeus" à Palestina cumpriria a vontade de Deus, de antissemitas ávidos para expulsar os judeus e de aristocratas anglo-judeus que pessoalmente detestariam emigrar para a Palestina, mas a viam como um destino apropriado para os judeus da classe trabalhadora da Europa Oriental, considerados baderneiros comunistas. Em outras palavras, a única coisa que essas pessoas tinham em comum era o fato de desejarem o estabelecimento de um Estado judaico na Palestina.

Foram necessários dois anos – entre 1915 e 1917 – para que o lobby sionista convencesse o governo britânico de que uma Palestina judaica constituiria um trunfo estratégico para o Reino Unido. O fator decisivo para Londres foi a percepção de que a Palestina poderia ser essencial na defesa do Canal de Suez, no Egito. Ter na região um governo aliado era, portanto, ideal. Enquanto os imperialistas cobiçavam a Palestina por razões estratégicas e os cristãos evangélicos queriam ajudar a acelerar o fim do mundo, os líderes judeus enxergavam nela um porto seguro para os judeus russos, assim como um meio de forçar a modernização do judaísmo. Para sobreviver à nova época, segundo eles, a judaicidade devia ser uma nacionalidade, não uma religião.

Em 2 de novembro de 1917, o governo britânico emitiu a Declaração Balfour, que prometia fazer da Palestina um "lar nacional para o povo judeu" e, ao mesmo tempo, proteger os direitos civis e religiosos das "comunidades não judaicas existentes" na Palestina, isto é, a maioria autóctone. Na verdade, a declaração era uma carta do então ministro das Relações Exteriores britânico, Arthur Balfour, ao líder não oficial da comunidade anglo-judaica, lorde Rothschild. Balfour não assumiu esse compromisso por estar preocupado com o bem-estar do povo judeu. Em 1905, durante seu mandato como primeiro-ministro, Balfour havia defendido a Lei de Estrangeiros para restringir a imigração e proibir a entrada de judeus do Leste Europeu no Reino Unido. Desviar judeus que fugiam de perseguições para a Palestina, uma região com a qual ele também não se importava, parecia ser a solução perfeita.

Ao lado da França e dos Estados Unidos, a Inglaterra saiu vitoriosa da Primeira Guerra Mundial. Os Aliados podiam agora retalhar os territórios do derrotado Império Otomano como bem entendessem. Para dar a essa partilha um verniz de legitimidade internacional, os vencedores da guerra fundaram a Liga das Nações, em princípio uma organização internacional destinada à manutenção da paz mundial. A Liga então planejou um sistema de governança que concedia a certos países-membros um "mandato" para governar ex-colônias ou áreas anteriormente pertencentes ao império derrotado. Tratava-se de um compromisso entre a Inglaterra, a França – que viam o triunfo bélico como uma oportunidade de expandir seus respectivos impérios – e os Estados Unidos, cujo presidente, Woodrow Wilson, declarou-se favorável a "oportunidades de desenvolvimento autônomo absolutamente garantidas" para outras nacionalidades no Império Otomano. Em teoria, os territórios do extinto Império Otomano sob o mandato dos Aliados se beneficiariam da administração ocidental até conseguirem se estabelecer por conta própria, e foram reconhecidos como países em busca de independência plena. O Iraque, por exemplo, tornou-se independente em 1932, o Líbano, em 1943, e a Síria, em 1946. Estranhamente, apenas a Palestina ficou de fora – uma consequência direta da antiga promessa britânica presente na Declaração Balfour.

No final de 1918, a Inglaterra completou a ocupação da Palestina histórica – território que hoje conhecemos como Israel, Cisjordânia e Faixa de Gaza –, que ficou sob domínio militar britânico. Em 1922, a Liga das Nações concedeu à Palestina o estatuto oficial de Mandato Britânico, embora a Inglaterra já governasse o território havia dois anos. Esse mandato ecoava os termos da Declaração Balfour: instruía os ingleses a "garantir a instauração de um lar nacional judeu" e a "facilitar a imigração judaica sob condições adequadas".

Os ingleses tentaram replicar a estrutura que haviam adotado em seus outros mandatos. A chefia de um país sob mandato era exercida pelo alto comissário do poder mandatário. Um governo e um parlamento compostos de cidadãos do mandato, com poderes limitados, eram supervisionados de perto pelos conselheiros do poder mandatário europeu.

Porém, a Inglaterra não conseguiu construir esse modelo na Palestina. Londres chegou a indicar um alto comissário, Herbert Samuel, mas a formação do governo se revelou muito difícil – nenhum dos lados ficou satisfeito com as propostas britânicas. Os palestinos rejeitaram a formação de um conselho legislativo, no qual sempre seriam minoritários, em contrapartida à sua aceitação da Declaração Balfour. Também rechaçaram todas as propostas de criação de uma "Agência Árabe" análoga à Agência Judaica para gerir a imigração, já que efetivamente tais propostas os tratavam como uma minoria dentro do próprio país. Assim, sem que nenhum acordo fosse alcançado, os poderes Executivo e Legislativo ficaram concentrados nas mãos do alto comissário e de seu gabinete.

No início do Mandato Britânico, os judeus constituíam cerca de 11% da população. Apesar disso, obtiveram a promessa, feita tanto pela Liga das Nações quanto pela Constituição palestina escrita pelos ingleses, de que a Palestina seria seu futuro lar. Durante o domínio britânico, Londres tentou fabricar entre os palestinos o consentimento da perda do próprio país, oferecendo "soluções" como partilha, federação e formação de um Estado binacional. Na Palestina, os ingleses jamais respeitaram o princípio fundamental do Mandato, que dizia que a maioria do povo tem o direito de decidir o futuro de seu país, como ocorria em todas as nações árabes vizinhas. Mesmo quando a liderança palestina se mostrou disposta a tolerar a presença dos colonos judeus, a Inglaterra não ousou impor ao movimento sionista nenhuma solução que não incluísse a formação de um Estado judaico em parte da Palestina ou totalmente sobreposto ao território.

# 2

# Anos tranquilos (1918-1926)

Os palestinos não queriam entregar seu país, inteiro ou em parte, a imigrantes judeus recém-chegados, com base em acordos diplomáticos nos quais não tiveram voz. Entre 1918 e 1920, durante o domínio militar britânico, pensadores e ativistas palestinos começaram a organizar associações muçulmano-cristãs. Essas associações defendiam o autogoverno e se opunham à implementação da Declaração Balfour. Em 1919, elas se agruparam sob a bandeira do Congresso Árabe da Palestina.

A mera existência desse congresso desfaz dois mitos muito propagados por quem não sabe o que diz: de que o conflito israelo-palestino envolve apenas muçulmanos e judeus, e de que a Palestina não possuía uma identidade nacional antes de 1948. Os cristãos desempenharam um papel crucial desde o início do movimento nacional palestino. Em 1911, dois primos cristãos ortodoxos lançaram o jornal *Falastin*, que defendia uma Palestina árabe e emitiu um dos primeiros alertas sobre as ambições sionistas.

Isso deve nos fazer refletir, pois até hoje a narrativa israelense hegemônica insiste que a Palestina não tinha um histórico de nacionalismo anterior à fundação de Israel. Em 1972, a primeira-ministra israelense Golda Meir proferiu a famosa frase: "Não existe povo palestino". Ainda hoje, um número excessivamente alto de israelenses continua reverberando esse sentimento.

Os anos de 1918 a 1920 viram nascer uma nova sociedade civil palestina, que incluía organizações políticas, clubes de jovens e jornais árabes. Esses grupos também se uniram ao Congresso Árabe da Palestina, que funcionava como um corpo representativo dos palestinos. No início de 1919, durante a Conferência de Paz de Paris, o congresso exigiu a rejeição da Declaração Balfour. Os palestinos viam seu país como parte de uma Síria árabe independente. Existia um consenso político contra a tentativa de retalhar a Palestina que transcendia fronteiras religiosas.

Londres respondeu a esses desdobramentos por meio da criação de suas próprias instituições. Em dezembro de 1921, o alto comissário Herbert Samuel estabeleceu o Supremo Conselho Muçulmano, com autoridade sobre tribunais e territórios muçulmanos – os britânicos agora tentavam dividir os palestinos de acordo com sua religião. No entanto, os muçulmanos que participavam desse conselho continuavam altamente politizados e comprometidos com a causa palestina. Hajj Muhammad Amin al-Husayni, o grão-mufti[5] de Jerusalém, a mais alta autoridade islâmica no país, foi indicado para a chefia do conselho – o que o converteu numa das pessoas mais influentes da Palestina. Nos bastidores, Al-Husayni usou sua influência e autoridade para trabalhar a favor do nacionalismo.

Antes da formalização do Mandato Britânico, os palestinos ainda tinham esperança de que os ingleses os ajudariam a garantir sua futura independência. Contudo, dois acontecimentos destruíram essa ilusão.

O primeiro deles teve lugar em abril de 1920, quando um grupo de sionistas de direita liderados por Ze'ev Jabotinsky marchou pelo bairro árabe da Cidade Velha de Jerusalém durante o feriado muçulmano de celebração do nascimento do profeta Moisés. Jabotinsky, que secretamente vinha armando homens judeus em organizações de "autodefesa", previra a ocorrência de um pogrom em março e fez o máximo para inflamar as tensões entre judeus e muçulmanos.

5 Espécie de líder, acadêmico e jurista religioso a quem é reconhecida a capacidade de interpretar e aplicar a lei islâmica. [N.E.]

A imprensa judaica vinha publicando artigos que defendiam a construção de um Terceiro Templo judaico no Monte do Templo, local do Segundo Templo, destruído pelos romanos no ano 70. Isso significaria a demolição do complexo de Haram al-Sharif, o terceiro lugar mais sagrado do Islã, onde o profeta Maomé, segundo a crença, teria ascendido ao céu. Até hoje, a reivindicação do Monte do Templo pelo judaísmo ainda não chegou a uma solução satisfatória para ambas as partes, e a qualquer momento a disputa pode detonar uma conflagração mais ampla envolvendo boa parte do mundo muçulmano, se Israel optar por um caminho que não seja a conciliação. Alguns anos atrás, esse talvez fosse um medo infundado. Mas, em novembro de 2022, o governo israelense passou a ser integrado por dois partidos políticos comprometidos com a construção do Terceiro Templo. O perigo de uma guerra total é hoje muito mais palpável do que gostaríamos de admitir. Em 1920, provocações desse tipo levaram a conflitos de rua entre jovens árabes e jovens judeus que acentuaram a divisão entre a população autóctone e os sionistas recém-chegados.

Naquela época, os palestinos tentaram se organizar contra a implementação da Declaração Balfour com todos os meios de que dispunham. Mas houve o segundo acontecimento, outra onda de violência, ocorrida em Yafa em maio de 1921, após manifestações do Dia do Trabalho convocadas por colonos judeus marxistas, que supostamente celebravam a união dos trabalhadores. Eles vinham de Tel Aviv, cidade dominada pelos colonos israelitas, que se expandiu até absorver a vizinha Yafa. Quando os colonos marchavam pelo bairro palestino, os ingleses deram tiros de advertência para dispersá-los. Os palestinos, por sua vez, temendo um iminente ataque judeu, começaram a atacar os manifestantes. O conflito subsequente matou 47 judeus e 48 palestinos. Essas duas ondas de violência, em 1920 e 1921, ambas desencadeadas por provocações e sustentadas por tumultos, sinalizaram que a tranquilidade na Palestina não perduraria diante da vigorosa tentativa de colonização judaica.

Não obstante, até 1929 houve relativa paz na Palestina administrada pelos britânicos; as tensões esquentavam, mas não chegavam a ferver. Contudo, os sionistas se aproveitaram dessa tranquilidade para tornar seu futuro Estado um fato consumado – o que teria consequências catastróficas para o povo palestino.

O alto comissário britânico facilitou a construção da infraestrutura do futuro Estado sionista, enquanto os assuntos palestinos permaneciam nas mãos dos ingleses. As autoridades do Mandato permitiram que os colonos judeus desenvolvessem seu próprio sistema educacional, suas próprias indústrias e até edificações militares, além de outros serviços que supostamente deveriam ser da alçada britânica. Simultaneamente, sionistas como Eliezer Ben-Yehuda conduziram a retomada da língua hebraica, à custa de línguas judaicas europeias, como o iídiche e o ladino. Uma nova identidade etnonacional judaica era elaborada em tempo real.

Enquanto a comunidade judaica estava livre para efetivamente formar seu proto-Estado, a maioria palestina era tratada como súdita colonial. A administração britânica impôs seu próprio sistema colonial sobre a população muçulmana, basicamente rural, e fornecia serviços de saúde esparsos. Os serviços estatais oferecidos pelo Mandato eram imensamente inferiores à infraestrutura construída pelas organizações sionistas. Além do mais, a Inglaterra não permitia que os palestinos desenvolvessem de fato uma elite governamental nativa, como fizera no Iraque.

Percebemos como as duas comunidades eram tratadas de modo diferente ao considerar a política britânica para a educação superior. A administração do Mandato permitiu que a comunidade judaica conservasse sua universidade preexistente, a Technion, em Haifa, e construísse a Universidade Hebraica de Jerusalém em 1918, inaugurada em 1925. No entanto, nenhum recurso foi alocado para a construção de universidades palestinas.

Na verdade, durante o Mandato Britânico, havia apenas uma entidade governamental para a formação de professores em toda a Palestina, o instituto de formação de professores homens, que se tornaria o Arab College de Jerusalém. A administração britânica – com sua experiência prévia na Índia e no Egito – receava que uma população educada fosse difícil de controlar. Os palestinos, no entanto, transformaram essas instituições de formação de professores em quase universidades. Em 1925, o Arab College já era capaz de preparar seus alunos para exames de admissão, permitindo que se matriculassem em universidades fora da Palestina. Era uma instituição altamente seletiva, de excelência acadêmica. Muitos de seus graduados tiveram prestigiosas carreiras em países árabes vizinhos e fora deles. Não fosse a catástrofe de 1948 – e a violenta supressão da ideia de um Estado palestino –, é quase certo que eles seriam a elite governante da Palestina. Em vez disso, seu talento foi investido em países como Iraque, Líbano e outros mais distantes.

De modo ainda mais significativo, a administração britânica tacitamente tolerou que o movimento sionista estabelecesse sua própria força paramilitar, a Haganah. Também há evidências de cooperação entre forças de segurança inglesas e milícias judaicas, o que desagradava os palestinos, que não podiam se armar nem se organizar em escala relevante.

Mas, como vimos, nessa época a presença sionista ainda era relativamente limitada. A questão impossível – como construir uma "pátria judaica" no país de outro povo – ainda precisava de respostas, e a posição britânica continuava sujeita a oscilações. Especialmente na primeira metade dos anos 1920, a coexistência entre as duas comunidades se mostrou possível. Embora os trabalhadores árabes fossem excluídos do sindicato sionista, o Histadrut, havia greves conjuntas de trabalhadores árabes e judeus, como a dos alfaiates e dos carpinteiros em Haifa, em 1925. Árabes e judeus ainda fundavam negócios em sociedade – mais de mil empresas conjuntas foram inauguradas nessa década. Os fatos se consumavam. Porém, a catástrofe que se seguiu foi inevitável, e só aconteceu quando o caráter do movimento sionista se alterou essencialmente, como veremos agora.

# 3

# Por que o movimento sionista deu início à limpeza étnica?

Em meados da década de 1920, o movimento sionista abandonou a ideia de simplesmente conquistar uma pátria segura para os judeus, dependente do favor das potências imperialistas, para se lançar à colonização efetiva da Palestina, expropriando escandalosamente a população autóctone. Além disso, o sionismo começou a ver essa expropriação como *necessária* para a conquista da pátria judaica. Não se costuma datar o início da limpeza étnica da Palestina nos anos 1920, mas o que ocorreu nessa época lançou as bases para tudo que aconteceria a seguir.

Em 1926, o movimento sionista desrespeitou muitas décadas de convenções sobre a propriedade da terra em vigor desde as reformas otomanas de meados do século XIX. Como vimos, essas reformas, que fizeram com que o uso da terra se desvinculasse do arrendamento do Estado, permitiram que os ricos adquirissem propriedades particulares. Na prática, nem sempre os agricultores autônomos tinham documentos de propriedade, já que os terrenos eram registrados coletivamente em nome de suas aldeias – o que tornou mais fácil despejá-los. Além disso, os camponeses tiveram pouco incentivo para reivindicar suas terras junto ao governo. Dessa forma, largas faixas territoriais se tornaram propriedade de um punhado de particulares, muitos dos quais viviam fora da Palestina, hoje descritos como "proprietários ausentes". Alguns deles eram palestinos notáveis.[6]

No entanto, essas reformas nunca visaram mudar o cotidiano das populações rurais. Quando a terra era comprada, a aquisição incluía as aldeias e seus moradores. Segundo o

6 Referência a pessoas influentes, integrantes das principais famílias urbanas, encarregadas da tradicional forma árabe-islâmica de fazer política até o final do período otomano, chamada "política dos notáveis" (*a'yan*). [N.E.]

costume, os aldeões precisavam cumprir certas obrigações para com o proprietário, mas não havia nenhum questionamento quanto à permanência dos camponeses na terra: eles estavam lá para ficar. Isto é, até que a administração britânica mudasse as regras.

A princípio, em 1920, os ingleses removeram muitas das restrições à compra de terras, ainda que, cientes da resistência palestina, tivessem imposto limites à aquisição fundiária pelos sionistas. Na prática, isso significava que o movimento sionista podia comprar o máximo de terras que a administração britânica permitisse. O Mandato também reclassificou os palestinos residentes nas aldeias, muitos dos quais cultivavam as mesmas terras há gerações, como agricultores arrendatários, e assim sua permanência passou a depender da vontade dos proprietários. Entre 1921 e 1925, a American Zion Commonwealth[7] comprou 32 mil hectares de terra no que era então Marj Ibn Amer (hoje Vale de Jizreel), da família Sursock, de Beirute. Em 1929, quando os herdeiros do proprietário libanês original não conseguiram pagar suas dívidas, o Fundo Nacional Judaico[8] adquiriu cerca de três mil hectares em Wadi al-Hawarith, entre Haifa e Tel Aviv.

Nessas duas áreas, os novos colonos sionistas desalojaram, por vezes à força, os moradores das aldeias e os agricultores. Motivados pelo ideal de que os judeus precisavam cultivar eles mesmos as próprias terras, os sionistas solicitaram – e obtiveram – ordens de despejo junto às autoridades britânicas contra os habitantes originais. Assim começou a limpeza étnica da Palestina, que continua até hoje.

7 Organização criada em 1914, em Nova York, Estados Unidos, para comprar terras e encorajar a ocupação judaica na Palestina. [N.E.]

8 Organização criada em 1901, em Jerusalém, também com a finalidade de comprar terras e encorajar a ocupação judaica na Palestina. [N.E.]

O modo como as colônias sionistas começaram a se expandir por meio da expulsão dos moradores locais indica uma mudança no caráter do sionismo. O que começara como um movimento para salvar os judeus e modernizar o judaísmo, transformando-o em uma identidade nacional, convertia-se claramente em um projeto colonial de assentamento, que dependia da subjugação e expulsão de outro povo.

Permitam-me que explique o que quero dizer com "colonialismo de assentamento" (*settler colonialism*). No colonialismo clássico, a colônia é governada a partir da metrópole – como a Inglaterra governou a Índia, ou como Portugal administrou suas possessões africanas. O objetivo é transformar os habitantes nativos em súditos leais; os colonizadores não almejam se tornar a maioria populacional na colônia. Por outro lado, o colonialismo de assentamento visa substituir totalmente a sociedade nativa pela sociedade do colonizador. Os colonos tradicionais geralmente são pessoas marginalizadas ou excluídas da sociedade metropolitana – a América do Norte, afinal, foi colonizada por fugitivos de perseguições religiosas na Europa. Os colonos de assentamento, por outro lado, procuram construir uma pátria na qual sejam aceitos. E são uma ferramenta útil para as potências imperialistas expandirem suas esferas de influência, tornando-se regimes amigos em terras distantes.

O problema é que os territórios que se pretende colonizar nunca estão vazios. Para os colonos, ansiosos por impor a própria cultura e o próprio sistema social, a população autóctone, tão obviamente diferente, é um obstáculo a ser removido. Essa remoção nunca acontece sem brutalidade. Na Austrália, por exemplo, houve pelo menos 270 massacres de aborígenes ao longo dos 140 anos de colonização britânica, além de conflitos armados e vasta mortandade por epidemias. Contudo, o processo não é simplesmente uma questão de força bruta. Os colonizadores também apagam a história das sociedades nativas, datando o começo da história com a sua própria chegada à colônia. Os velhos costumes desaparecem, e a alimentação nativa é apropriada pela culinária dos colonizadores. Em poucas palavras, como a terra não está vazia, os colonizadores se encarregam de esvaziá-la.

Patrick Wolfe, grande estudioso australiano do colonialismo de assentamento, descreveu a atitude do colonizador em relação aos povos nativos como "a lógica da eliminação". Segundo Wolfe, enquanto essa eliminação não for alcançada, o projeto colonial de assentamento tentará concluí-la. Isto é, enquanto Israel mantiver um éthos colonial de assentamento, jamais haverá coexistência pacífica com os palestinos.

Ações de limpeza étnica e genocídio não surgem do nada. Antes delas, e durante o período em que são cometidas, os colonos constroem uma justificativa ideológica – criam um consenso. Escrevem sobre suas intenções, ora diretamente, ora de maneira oblíqua. Podemos observar esse padrão em suportes aparentemente inócuos, como a pintura. Os primeiros pintores sionistas retratavam a paisagem de sua futura pátria sem nenhuma aldeia palestina. As aldeias prejudicavam a fantasia, então precisavam desaparecer.

Como os sionistas justificaram essa atitude para a população nativa? A exemplo de outros colonos, eles precisavam desumanizar os habitantes autóctones, sempre retratados como "selvagens" ou "primitivos". Particularmente potente era a imagem de que os palestinos seriam "nômades", pessoas sem nenhuma ligação com a terra. No entanto, muitas aldeias palestinas existiam há milhares de anos. Simultaneamente, os colonos alegavam ser motivados por propósitos mais nobres, isto é, levar os benefícios da modernização (e da civilização) para um lugar atrasado. Mas os colonos de assentamento diferem dos colonos clássicos num ponto crucial. Enquanto estes se viam como arautos da modernidade diante dos selvagens, os colonos de assentamento se pintam como modernizadores da terra, não do povo. O povo é uma inconveniência a ser varrida para permitir o acesso à terra. Até hoje, muitos israelenses repetem o mito de que a Palestina era essencialmente um vasto deserto até a chegada dos sionistas, que teriam "feito o deserto florescer". Ninguém menos que Ursula von der Leyen, presidente da Comissão Europeia, repetiu esse velho clichê em sua mensagem de felicitação pelo aniversário de 75 anos da fundação de Israel. Como vimos, a Palestina não era de maneira nenhuma um deserto e seu povo não era nômade, tampouco primitivo.

Enquanto essas ilusões eram propagadas para tornar o projeto sionista mais palatável para os judeus na Europa e em outros lugares, os pensadores sionistas sabiam perfeitamente que existia uma população nativa com a qual precisavam lidar. Muito antes dos anos 1920, os líderes sionistas já discutiam modos de remover a população palestina. Alguns ideólogos esperavam que os palestinos emigrassem voluntariamente para os países árabes vizinhos mediante compensações financeiras adequadas. Do contrário, a remoção forçada continuava a ser uma opção. Líderes e ativistas sionistas desenvolveram essas linhas de pensamento entre meados dos anos 1920 e 1948, quando chegou a hora de colocá-las em prática. O que até então eram ideias vagas traduziu-se num plano geral que resultou na limpeza étnica de metade da população árabe da Palestina.

As massivas compras de terras nos anos 1920 e as operações de limpeza étnica que decorreram dessas aquisições ajudaram a decretar o término do período de tranquilidade. Conforme a década chegava ao fim, a relação entre os colonos judeus e os palestinos ficou muito mais tensa. Os conflitos violentos se tornaram cada vez mais frequentes nos anos

1930. Ambos os lados entraram em choque com as autoridades britânicas, que consideravam negligentes em sua proteção.

Os indícios de um desastre em formação já eram evidentes quando muitos palestinos de repente foram obrigados a se mudar para as cidades, despejados das terras que haviam tornado produtivas. Esses palestinos foram vítimas de grupos sionistas autodenominados "socialistas", conhecidos como Trabalho Hebraico, que acreditavam que os judeus só conseguiriam modernizar a si mesmos por meio do trabalho produtivo. Queriam, portanto, que a agricultura se tornasse exclusividade dos judeus. Alguns judeus que empregavam camponeses palestinos resistiram a essa política, pois significava abrir mão de lavradores experientes em troca de colonos que muitas vezes nunca tinham trabalhado numa fazenda de verdade. Mas os proprietários judeus que adotaram esse posicionamento foram publicamente atacados e aviltados, até desistirem. Assim, palestinos empobrecidos e expropriados precisaram procurar trabalho nas cidades.

Em 1929, as tensões entrariam em uma erupção catastrófica.

# 4

# Os acontecimentos de 1929

O que aconteceu em 1929 é chamado pelos palestinos de Revolução Al-Buraq (*Thawrat al-Buraq*). No Islã, Al-Buraq é o ser alado metade mula, metade burro, que levou Maomé de Meca a Jerusalém e de Jerusalém para o céu. Segundo a tradição, o profeta amarrou Al-Buraq a uma fenda no Muro Ocidental, ou Muro das Lamentações, delimitando o local do Segundo Templo na tradição judaica. Os sionistas, evidentemente, classificam os eventos de 1929 como um tumulto.

Tal como em 1920, quando sionistas marcharam pelo bairro muçulmano, os acontecimentos de 1929 começaram na Cidade Velha de Jerusalém. Desde o outono de 1928, os sionistas vinham desafiando expressamente o controle muçulmano do acesso ao Monte do Templo, ou Haram al-Sharif. No dia 15 de agosto de 1929, a Haganah e sionistas revisionistas inspirados por Jabotinsky se manifestaram diante do Muro das Lamentações, levando os muçulmanos a responder com protestos no dia seguinte. Entre rumores e incitações deliberadas, ocorreram incidentes violentos ao longo da semana, que culminaram na morte de dezessete judeus após as orações muçulmanas da sexta-feira, em 23 de agosto. Isso provocou uma reação em cadeia, e, em uma semana, 133 judeus e 116 palestinos perderam a vida em meio ao caos instaurado. A violência não se limitou a Jerusalém; espalhou-se para outras cidades, como Hebron [em árabe, Al-Khalil], onde aconteceu um massacre.

Os judeus de Hebron faziam parte da pequena minoria judaica que já existia na Palestina muitos séculos antes da chegada dos sionistas. Eles conviviam pacificamente com seus vizinhos muçulmanos. Ambas as comunidades acreditam na santidade de Hebron, local do túmulo do profeta Abraão, reverenciado pelas duas religiões. No entanto, os jovens sionistas recém-chegados, alunos de yechiva[9] vestidos com modernos trajes europeus, eram presenças indesejáveis. Quando souberam das notícias dos conflitos em Jerusalém, os aldeões muçulmanos dos arredores de Hebron desceram para a cidade. Sessenta e sete judeus foram massacrados, embora alguns tenham conseguido se abrigar nas casas de famílias muçulmanas solidárias. Assim, a atrocidade ocorrida em Hebron foi instrumentalizada pela narrativa oficial sionista para "provar" que a coexistência não era possível e, ironicamente, justificar a subsequente matança de palestinos.

Embora o gatilho imediato dos acontecimentos de 1929 fosse religioso, os motins se espalharam rápida e devastadoramente, e os palestinos viram a ordem social se despedaçar diante de seus olhos. Foi uma explosão de frustração após uma década de amplos e velozes avanços do movimento sionista. Naqueles anos, os palestinos puderam ver no interior do país o que vinha pela frente: limpeza étnica e pauperização planejada.

À medida que cada vez mais palestinos eram forçados a abandonar o trabalho agrícola, surgiam favelas. Nas favelas de Haifa, no norte da Palestina, ganhava contornos uma nova forma de resistência contra o sionismo e seus cúmplices britânicos: a guerrilha.

Aqui entra em cena um pregador carismático, o imã Izz ad-Din al-Qassam, que muitos talvez reconheçam, pois foi homenageado pelo Hamas, que batizou com o seu nome o braço militar da organização [Brigadas Al-Qassam], assim como seus primeiros foguetes. Diversos grupos seculares da resistência palestina também honram seu legado como

9 Seminário ou colégio tradicional judaico dedicado ao estudo de textos religiosos como o Talmude e a Torá. [N.E.]

introdutor de métodos de guerrilha na luta de libertação contra os ingleses.

Al-Qassam nasceu na Síria, em 1882. Entre 1919 e 1920 se juntou à revolta contra a ocupação francesa, combatendo nas montanhas. Os franceses reconheceram a ameaça que ele representava e o condenaram à morte. No final de 1920, depois de fugir da Síria, ele se estabeleceu em Haifa, onde pregou na mesquita de Istiqlal, que ainda existe, e lecionou numa escola muçulmana. Sua reputação cresceu rapidamente.

Com sua experiência na luta anticolonial, Al-Qassam conseguiu entusiasmar os jovens muçulmanos que viviam nas favelas dos arredores de Haifa, estimulando-os a formar seus próprios grupos paramilitares a fim de preparar uma luta prolongada contra o colonialismo britânico. No entanto, diante do grande influxo de imigração judaica e da vigilância cada vez maior das autoridades britânicas, Al-Qassam foi obrigado a mostrar suas cartas prematuramente. Em novembro de 1935, nas colinas perto de Jenin, ele e outros onze combatentes lutaram contra uma força britânica muito maior durante várias horas. O imã e mais quatro guerrilheiros morreram. Haifa declarou greve geral no dia seguinte. Ainda hoje é possível visitar seu túmulo, localizado nos arredores de uma cidade israelense chamada Nesher – antes Balad al-Sheikh.

A morte de Al-Qassam inspirou muitos jovens palestinos a pegar em armas e lutar contra os ingleses para forçá-los a abandonar as políticas sionistas. Seu martírio também fortaleceu a unidade da liderança política palestina, previamente dividida entre as linhagens familiares dos Husayni e dos Nashashibi. Embora a revolta militar de Al-Qassam estivesse fadada ao fracasso, a liderança do imã abriu caminho para uma resistência mais organizada que ocorreria na segunda metade dos anos 1930.

# 5

# A Grande Revolta Árabe (1936-1939)

Depois de 1929, os ingleses reconheceram que estavam lidando com um conflito entre dois povos – com os quais haviam firmado compromissos. Duas comissões de inquérito investigaram as causas do surto de violência de 1929, uma liderada por *sir* Walter Shaw e outra por *sir* John Hope Simpson. A Comissão Shaw concluiu que a violência era resultado do projeto sionista de expropriar os agricultores palestinos e da fundamental rejeição ao sionismo entre os palestinos. O Inquérito Hope Simpson, realizado posteriormente, chegou a conclusões similares. O relatório final recomendou que a imigração judaica para a Palestina fosse limitada.

Inicialmente, o governo britânico levou muito a sério as conclusões dessas comissões e se preparou para mudar de atitude. Em outubro de 1930, lorde Passfield (Sidney Webb) apresentou um *white paper* [projeto de lei] que propunha restringir futuras aquisições de terra e a imigração de sionistas, além de criticar duramente as organizações sionistas por provocarem altas taxas de desemprego entre os árabes. Essa seria uma mudança drástica na política do Mandato. Mas em 1930 já existia um lobby pró-sionista muito influente na Inglaterra. Pressionado por Chaim Weizmann, então líder da Organização Sionista Mundial, o primeiro-ministro britânico Ramsay MacDonald divulgou uma carta de "esclarecimento" sobre o *white paper* no início de 1931; na prática, foi um recuo. As políticas pró-sionistas continuaram efetivas e desimpedidas na Palestina.

Essa promessa de mudança rapidamente frustrada inflamou o lado palestino. Os palestinos tentaram emular as estratégias do lobby sionista, mas estavam longe de dispor do mesmo poder financeiro. Entre 1930 e 1936, eles tentaram influenciar a política britânica por meio de petições, manifestações e conferências em Londres – tudo em vão.

Em 1936, a liderança palestina sabia que algo mais potente era necessário. Uma frente de todas as organizações políticas palestinas, o Alto Comitê Árabe, convocou uma greve de seis meses em abril de 1936 para exigir o fim da imigração judaica e das aquisições de terras por judeus, bem como o estabelecimento de um governo nacional palestino. Os membros mais jovens e rurais da resistência palestina foram além e deflagraram uma revolta total contra as forças britânicas e judaicas. Passaram-se três anos até que o levante fosse debelado.

A Inglaterra usou a força para reprimir a revolta, recorrendo inclusive a bombardeios aéreos. Além disso, empregou modelos de punição coletiva, hoje bastante comuns nas ações militares israelenses na Cisjordânia ocupada e na Faixa de Gaza. Em junho de 1936, de maneira chocante, o exército britânico explodiu duzentos edifícios na Cidade Velha de Yafa, deixando mais de seis mil palestinos desabrigados. Milhares de palestinos foram mortos, houve muitos presos e feridos. Os líderes militares que supostamente estavam por trás da revolta foram cruelmente perseguidos, e um número enorme deles, assassinado. Além dos líderes, também perderam a vida grandes setores da elite militar, as forças mais experientes do lado palestino. O objetivo não era simplesmente aniquilar a revolta, mas também garantir que os palestinos nunca mais se revoltassem. E, de fato, em 1948, eles seriam rapidamente derrotados pelo avanço das forças sionistas que fundaram Israel.

Depois de alguns meses de insurreição, durante um cessar-fogo, os ingleses formaram uma comissão de inquérito, a Comissão Peel, liderada pelo lorde Peel, em busca de uma solução para o conflito. Em julho de 1939, a comissão recomendou a partilha da Palestina e propôs a criação de um pequeno país além do Rio Jordão (região então conhecida como Transjordânia), que reuniria o que o relatório chamava de partes "árabes" da Palestina.

Locais de grande importância religiosa e estratégica continuariam sob domínio provisório de Londres por meio do sistema do Mandato até que fossem assinados tratados entre a Inglaterra e os dois novos Estados. A população palestina das terras do novo Estado judaico, cerca de 250 mil pessoas, seria transferida para a Transjordânia.

Não surpreende que o Alto Comitê Árabe da Palestina tenha rejeitado totalmente essa recomendação.

Na época, o movimento sionista no território era liderado por David Ben-Gurion, que teve uma atitude mais conciliatória diante das propostas britânicas.

Embora outros membros do movimento exigissem a rejeição das recomendações da Comissão Peel, por dois motivos Ben-Gurion se mostrou disposto a aceitar a área relativamente pequena oferecida aos sionistas. Como ele argumentaria, os judeus ainda eram uma comunidade pequena. Aceitar as recomendações não eliminaria a possibilidade de obter mais territórios no futuro. Em segundo lugar, não custava nada oferecer um ramo de oliveira[10] aos ingleses, porque Ben-Gurion sabia com absoluta certeza que os palestinos rejeitariam a proposta. Ele já pensava mais adiante. Com seus confidentes mais íntimos e seu filho, discutia a possibilidade de os sionistas prepararem a transferência dos palestinos que viviam no território do novo Estado judeu. Intuía que os ingleses não os ajudariam nessa tarefa.

Ao perceber que uma solução territorial não seria alcançada, a Inglaterra cogitou levar a proposta de Peel à Liga das Nações. Antes disso, em 1938, Londres enviou outra comissão de inquérito à Palestina, a Comissão Woodhead, que rejeitou a partilha recomendada pela Comissão Peel, entendendo-a como impraticável, pois qualquer divisão exigiria

**10** Expressão que significa fazer um gesto de paz e conciliação. [N.E.]

a transferência forçada de uma vasta população de palestinos. A solução preferida pela Comissão Woodhead previa um pequeno Estado judeu, um grande Estado palestino, e terras no norte e no sul que, assim como Jerusalém, permaneceriam sob administração britânica. Todas essas regiões comporiam uma união aduaneira. A proposta era controversa mesmo entre os membros da comissão. Em suma, a Comissão Woodhead deixou claro que era impossível converter a maior parte do Mandato Britânico da Palestina num Estado judeu sem cometer uma imensa injustiça.

A partir dessa percepção, ficou mais fácil encerrar a revolta, pois os líderes palestinos esperavam que os ingleses finalmente entendessem a impossibilidade de impor um Estado judeu aos palestinos. Em maio de 1939, o governo britânico publicou um *white paper* que dizia praticamente a mesma coisa. Declarava que, uma vez que agora havia mais de 450 mil judeus estabelecidos na Palestina, a Inglaterra cumprira sua obrigação de lhes oferecer um "lar nacional", conforme a Declaração Balfour, e recomendava que a Palestina se tornasse um Estado independente dentro de dez anos, a ser governado conjuntamente por palestinos e judeus. A imigração de judeus e sua aquisição de terras seriam limitadas por ao menos cinco anos. Previsivelmente, ninguém ficou feliz.

A liderança sionista rejeitou esse *white paper*, vendo nele uma completa contradição do compromisso assumido na Declaração Balfour. O Alto Comitê Árabe da Palestina ficou decepcionado, porque o *white paper* reafirmava o "lar nacional judeu" e propunha limitar a imigração judaica apenas temporariamente. Alguns meses depois, Hitler e Stalin invadiram a Polônia: começava a Segunda Guerra Mundial (1939-1945). A Inglaterra estava consciente das tentativas hitleristas de conquistar países de independência recente, como o Iraque, e da necessidade de posicionar tropas aliadas na Palestina, uma localização estratégica essencial no Oriente Médio. Assim, embora judeus de toda a Europa ocupada pelos nazistas estivessem em busca de refúgio, a Inglaterra manteve bem fechadas as portas da Palestina.

O rápido avanço de Hitler na Europa e o consequente assassinato em massa de judeus endureceram a atitude dos sionistas, que já não queriam fazer nenhuma concessão na Palestina. No Hotel Biltmore em Nova York, em maio de 1942, a liderança sionista declarou sua intenção de transformar toda a Palestina histórica num Estado judeu. O local dessa reunião é significativo. O movimento sionista entendeu que as chaves do futuro da Palestina talvez não ficassem nas mãos dos ingleses por muito tempo, agora que uma nova superpotência mundial ganhava proeminência. O movimento sionista estava ansioso para se tornar tão forte nos Estados Unidos quanto havia sido na Inglaterra.

Em 1942, os palestinos não dispunham de nada parecido com o lobby sionista na Inglaterra e nos Estados Unidos. A liderança ainda não se recuperara de sua completa destruição durante a Revolta Árabe de 1936. A maioria de seus políticos mais influentes estava exilada ou presa. A principal figura da política palestina na época era Hajj Muhammad Amin al-Husayni, o grão-mufti de Jerusalém, que fora apoiado pelos ingleses no início dos anos 1920.

Na década de 1930, ele havia fundado sua própria organização política, composta de membros de sua poderosa família, além das elites locais. Outro grupo palestino se concentrou em torno de uma família da elite local, os Nashashibi. Esses e outros grupos estavam representados no Alto Comitê Árabe, mas Al-Husayni, que o dirigia, continuava sendo a figura de maior destaque.

Quando a Revolta Árabe estourou, a administração britânica colocou o comitê na ilegalidade e removeu Al-Husayni de sua posição de presidente do Conselho Supremo Muçulmano.

Em julho de 1937, as autoridades inglesas emitiram um mandado de prisão contra ele. Previamente avisado, Al-Husayni conseguiu fugir, primeiro para Damasco, depois para a Alemanha nazista, em 1941, onde fez transmissões radiofônicas para mobilizar os muçulmanos árabes contra os ingleses. Durante a Segunda Guerra Mundial, ele não foi o único a agir de acordo com a máxima "o inimigo do meu inimigo é meu amigo". Seu flerte com os nazistas foi breve e insignificante; não fez diferença no esforço de guerra. No entanto, até hoje sua associação com os nazistas é utilizada pela narrativa israelense para desacreditar o movimento pela libertação da Palestina. Por vezes, essa narrativa chega a extremos absurdos, como a alegação do primeiro-ministro israelense Benjamin Netanyahu de que foi Al-Husayni quem deu a Hitler a ideia dos campos de extermínio, e que, se não fosse ele, o *Führer* teria apenas deportado os judeus.

Com Al-Husayni no exílio e as demais lideranças palestinas na clandestinidade, o movimento sionista estava livre para trabalhar por uma Palestina desarabizada, com a bênção anglo-americana. Como já deve ter ficado claro, os palestinos simplesmente não tinham influência política comparável à dos sionistas. Sua única esperança agora era a ajuda dos países árabes vizinhos, mas eles ainda não estavam propriamente estabelecidos como Estados nacionais.

Depois do Holocausto, quando mais de seis milhões de judeus pereceram na Europa, as potências europeias, ávidas por limpar sua consciência, expressaram ainda menos simpatia pelos palestinos. Não por que estivessem especialmente preocupadas com os judeus – muito tempo depois do fim da guerra, pelo menos 250 mil judeus definhavam em campos de refugiados na Europa Central –, mas porque, aos olhos da Inglaterra e dos Estados Unidos, o futuro do povo judeu precisava ser definido. Muitos sobreviventes do Holocausto não tinham mais uma casa na Europa para onde voltar.

# 6

# A caminho da Nakba (1945-1947)

O Mandato Britânico terminaria em 1948. Nos três anos entre o fim da Segunda Guerra Mundial e a partida dos ingleses, podemos identificar três processos simultâneos que resultaram na catástrofe conhecida pelo povo palestino como Nakba e na fundação do Estado de Israel. O primeiro foi o fracasso dos esforços diplomáticos para encerrar o conflito entre palestinos e colonos sionistas. O segundo foi a inadequação das tentativas do mundo árabe de causar um impacto significativo na situação. O terceiro foi a preparação do lado sionista para a limpeza étnica da Palestina – que seria traduzida em ação assim que os ingleses voltassem para casa, em 1948.

## O ESFORÇO DIPLOMÁTICO

Pouco depois da Segunda Guerra Mundial, a Inglaterra ainda esperava encontrar uma solução que pudesse ser aceita por ambos os povos. Com esse intuito, o governo britânico recrutou especialistas estadunidenses, estabelecendo um novo Comitê Anglo-Americano em novembro de 1945, encarregado da última tentativa de resolver o conflito antes do término do Mandato Britânico. Esse comitê chegou à Palestina no início de 1946 e apresentou seu relatório em abril do mesmo ano.

O relatório resultou numa investigação socioeconômica que forneceu informações meticulosamente detalhadas sobre demografia, economia, educação e política da Palestina durante o Mandato. Os estudiosos ainda hoje utilizam esse documento como fonte. Mas, em vez de propor uma solução real, o relatório não dizia nada que ambos os lados já não tivessem ouvido dezenas de vezes. Não recomendava a criação de um Estado judaico nem de um Estado palestino independente, e propunha uma extensão da presença britânica na Palestina para supervisionar os enclaves autônomos árabes e judeus. Ambas as partes logo rejeitaram essa ideia, ao perceber que lhes estavam sendo negados os direitos democráticos nos quais supostamente se fundava a nova ordem internacional.

No início de 1947, a Inglaterra já estava farta da Palestina. Finalmente, os ingleses começaram a se dar conta de que não conseguiriam obter o consentimento palestino à promessa de "um lar nacional" feita ao povo judeu na Declaração Balfour. Mais do que isso, o que o movimento sionista agora entendia por "lar nacional judeu" era irreconciliável com a independência nacional dos palestinos. A economia britânica no pós-guerra penava sob o fardo de um rigoroso inverno e do imenso esforço de reconstrução necessário após os bombardeios alemães. Além disso, o governo trabalhista de Clement Attlee declarara que o Império Britânico custava caro demais e que seria preciso abrir mão de boa parte dele. Ao mesmo tempo, como dissemos, a Segunda Guerra Mundial havia radicalizado o movimento sionista, que já não estava mais disposto a deixar que os ingleses ditassem as regras. Grupos de militantes sionistas cometeram atentados terroristas para expulsar os britânicos. Em julho de 1946, a organização clandestina Irgun explodiu o escritório central do Mandato Britânico no Hotel King David, em Jerusalém, matando 91 pessoas. Insurgentes sionistas frequentemente sequestravam e matavam soldados ingleses.

Sem a perspectiva de um desfecho, no dia 1º de fevereiro de 1947 a Inglaterra entregou o futuro da Palestina às mãos da ONU – que, nessa época, tinha menos de dois anos de existência e nenhuma experiência em lidar com conflitos de décadas, como o que ocorria na Palestina.

Além disso, a maior parte do mundo colonizado ainda não tinha representação na ONU, pois a principal onda de descolonização ainda não chegara. Na maioria dos temas, a ONU era um campo de batalha diplomático entre as duas superpotências da época, os Estados Unidos e a União Soviética. No entanto, quem esperava um duelo pela Palestina entre os dois grandes blocos se frustrou: ambos se ausentaram do comitê que investigou a situação. Em maio de 1947, a ONU indicou dois delegados de onze países-membros "neutros", a fim de encontrar uma solução para o que se denominou "Questão Palestina".

O Comitê Especial da ONU sobre a Palestina (Unscop, na sigla em inglês) chegou à região em junho e realizou muitas audiências públicas antes de publicar seu relatório final, favorável à partilha, em setembro de 1947. A liderança palestina, representada pelo Alto Comitê Árabe, boicotou as atividades dos enviados pela ONU, exigindo que a Palestina fosse tratada da mesma forma que todos os países árabes vizinhos, que haviam obtido plena independência assim que terminaram os mandatos europeus sobre seus territórios. Os palestinos se recusaram a legitimar um processo que considerava seu direito à independência como objeto de negociação. Eles compararam a situação da Palestina com a da Argélia e perguntaram à ONU se os argelinos concordariam em negociar seu direito ao próprio país com os colonos franceses.

A essa altura, alguns políticos e intelectuais palestinos mais atentos já haviam se dado conta do que a liderança sionista realmente desejava: o máximo do território da Palestina, com o mínimo de palestinos possível. Nas sessões da ONU, não houve uma discussão séria que considerasse os planos sionistas como um obstáculo para a resolução do conflito. Em última instância, os esforços diplomáticos fracassaram porque ninguém conseguiu justificar o motivo de a Palestina estar sendo tratada como um caso excepcional – um lugar onde não se aplicavam os proclamados princípios de "direitos iguais e autodeterminação dos povos" da Carta das Nações Unidas.

## O MUNDO ÁRABE E A PALESTINA

O mundo árabe apoiou a Palestina na rejeição ao Unscop e declarou sua solidariedade por meio da Liga Árabe, uma nova organização fundada em 1945. Apenas um país discordou: a Transjordânia. Isso afetaria consideravelmente o rumo da história palestina. Para entender por que os jordanianos divergiram do consenso árabe, precisamos voltar no tempo, à época da formação da Jordânia como país.

A Transjordânia foi fundada como um protetorado britânico em 1921; antes disso, assim como a Palestina, integrava o Império Otomano. Quando a Transjordânia foi ocupada pelos ingleses, em 1918, o plano inicial era incorporá-la à Palestina do Mandato Britânico.

Na ocasião, porém, alguns acontecimentos em Hijaz – região onde se localizam Meca e Medina, as duas cidades mais sagradas do Islã – complicaram a situação na Transjordânia. Durante a Primeira Guerra Mundial, os hachimitas, uma dinastia local, declararam Hijaz um reino independente sob seu domínio. Os ingleses propuseram uma aliança: reconheceriam seu Estado independente em troca de soldados para combater os otomanos. Além disso, os britânicos prometeram aos hachimitas que eles poderiam estabelecer novas residências para a realeza nos territórios que seriam a Síria e o Iraque, a serem chefiadas pelos herdeiros de Hussein bin Ali, charif de Meca e rei de Hijaz.

Mas nenhuma dessas promessas era fácil de cumprir. Na Península Arábica, os ingleses também haviam apoiado os arquirrivais dos hachimitas, a casa de Saud. Assim, Londres não interveio quando os sauditas declararam guerra aos hachimitas, ocupando Hijaz em 1924 e integrando a região à Arábia Saudita.

Originalmente, os britânicos haviam prometido o reino do Iraque ao filho mais velho de Hussein, Abdullah, e o reino da Síria ao mais novo, Faisal. Ao mesmo tempo, tinham concordado em ceder o controle da Síria aos franceses, segundo o Acordo Sykes-Picot. Ou seja, a Síria não era da Grã-Bretanha, e não podia ser cedida pelos ingleses aos hachimitas. (Fazer promessas contraditórias às diferentes partes envolvidas é uma espécie de leitmotiv da diplomacia britânica.)

Os dois irmãos resolveram agir sozinhos e transformaram o mapa da região. Faisal, com ajuda do lendário Lawrence da Arábia, pai da aliança entre os ingleses e os hachimitas, aproveitou que até 1920 não havia tropas terrestres da França na região do Mediterrâneo Oriental. Entrou em Damasco em 1918 como novo rei, não só da cidade mas também do que chamava de Grande Síria, que incluía os atuais Líbano, Jordânia, Síria, Israel e territórios palestinos. Faisal durou menos de dois anos no poder, sem receber reconhecimento oficial de nenhum país, e foi obrigado a se render aos franceses em julho de 1920.

Para tentar apaziguá-lo, os ingleses o instalaram como rei do Iraque em 1921 – sem deixar nenhum trono para seu irmão mais velho. Em 1920, Abdullah saíra de Hijaz com vinte mil soldados, supostamente para "libertar" a Síria do jugo francês. Seus homens ficaram baseados em Amã, na Transjordânia.

Enquanto Abdullah esperava em Amã, ameaçando ocupar a Síria, os ingleses redistribuíram as partes do mundo árabe que estavam sob seu controle durante uma conferência no Cairo, em maio de 1921. A conferência foi presidida pelo então secretário de Estado para as Colônias, Winston

Churchill. Ele propôs que Abdullah recebesse a Transjordânia como seu novo reino. A Transjordânia se tornou Jordânia e passou a ser um país, separado da Palestina do Mandato.

A ala direita do movimento sionista, liderada por Ze'ev Jabotinsky, não aceitou essa perda territorial, pois via a Transjordânia como parte do futuro Estado judeu. Até hoje, as terras da Jordânia são representadas como domínio israelense na bandeira do Beitar, um movimento da juventude sionista de direita originado da organização de Jabotinsky.

No entanto, os sionistas trabalhistas, que na época dominavam o movimento sionista, acataram o controle hachimita da Transjordânia. Desde o início, Abdullah manteve contato próximo com a Agência Judaica, que na prática era o governo sionista da comunidade judaica durante o período do Mandato Britânico. Ele queria expandir seu reino, um território relativamente árido, de olho na fértil Palestina. Além da Agência Judaica, o rei desenvolveu uma relação com a pragmática família Nashashibi, uma facção da liderança palestina mais moderada que a dos Husayni.

Voltemos a 1947. Quando o Unscop foi formado e deu início às suas deliberações, a relação entre a Agência Judaica e Abdullah alcançava uma etapa prática. Aparentemente, ambas as partes concordavam que a Transjordânia poderia se expandir sobre áreas da Palestina do Mandato em troca de seu consentimento tácito ao estabelecimento de um Estado judeu na Palestina. Por isso é que Abdullah foi o único líder árabe disposto a se reunir com o Unscop.

Os outros membros da Liga Árabe não faziam ideia desses acordos secretos e continuaram a pressionar a ONU a adotar uma abordagem baseada nos princípios da democracia e da autodeterminação da Palestina. Depois que a ONU se pronunciou a favor da partilha, a Liga Árabe começou a formar um exército voluntário, o Exército de Libertação Árabe, e se preparou para lançar uma operação militar na Palestina do Mandato, caso todas as tentativas diplomáticas fracassassem.

## ESTRATÉGIAS SIONISTAS

Diferentemente dos palestinos, que concentravam esforços em tentar garantir legitimidade internacional, o movimento sionista via o fim do Mandato Britânico como uma oportunidade para estabelecer rapidamente sua dominação efetiva do território. Os sionistas pediam o fim do Mandato desde 1942. Para eles, os ingleses já iam tarde. Entre 1945 e 1947, lançaram as bases para tomar a administração do país inteiro.

A liderança palestina acreditava, não sem grande ingenuidade, que, como os palestinos eram a população nativa e a maioria, a ONU obviamente reconheceria a Palestina como seu país. Para os líderes sionistas, porém, as ações falavam mais alto que as palavras. Eles calcularam corretamente que a comunidade internacional não ajudaria os palestinos a reivindicar o que lhes seria tomado pela força. Assim, planejaram conquistar todos os pontos estratégicos logo que as tropas inglesas partissem: rádio, correio, telecomunicações, ferrovias, espaço aéreo, transporte público, bancos e, claro, terras.

Ao longo de dois anos, os sionistas investiram no crescimento de suas forças militares, na aquisição de armas estrangeiras e na criação de um sistema de recrutamento para todos os jovens judeus, homens e mulheres, na Palestina. Os ingleses consideravam a Haganah – que de uma organização paramilitar se transformara no exército regular de um Estado que ainda não existia – a segunda força militar mais poderosa do Oriente Médio. Até mesmo sobreviventes do Holocausto na Europa, muitos deles ainda em campos de refugiados, foram recrutados pelos militares sionistas. O processo de alistamento na Haganah era muito mais simples do que a obtenção de um visto para viajar aos Estados Unidos.

No final de 1947, todos os olhos estavam voltados para Nova York. Finalmente, a ONU estava prestes a tomar uma decisão final sobre o futuro da Palestina. Em 29 de novembro, a Assembleia Geral votou a Resolução 181, marco infame do direito internacional. A ONU se declarou favorável à partilha da Palestina. Os sionistas celebraram a decisão, assim como Israel a celebra até hoje – finalmente haviam conquistado o Estado judeu que lhes fora prometido. Para os palestinos, esse dia deu início à Nakba, que deflagrou uma catástrofe cujas consequências eles ainda sofrem.

# 7

# A Resolução da Partilha e suas consequências

Antes de tratarmos dos impactos provocados no território pela Resolução da Partilha, precisamos examinar mais detidamente a espantosa manobra geopolítica da ONU. O Unscop – comitê especial formado por onze países-membros – não conseguira de fato chegar a uma posição de consenso sobre o futuro da Palestina. O comitê produziu duas propostas, uma da minoria, a outra da maioria do colegiado.

O plano da minoria recomendava a criação de uma federação binacional na Palestina, composta de um Estado árabe e um Estado judeu, e a liberação da imigração judaica. O governo federal seria eleito por cidadãos árabes e judeus adultos. No Unscop, essa proposta foi defendida apenas por Índia, Irã e Iugoslávia. A maioria defendeu a partilha da Palestina em dois Estados nacionais.

A proposta majoritária reservava 56% da Palestina para o Estado judeu, que incluíam a maior parte das concessões importantes da ONU, como eletricidade, portos e extração de fosfato, e 43% para o Estado palestino. Jerusalém e seus arredores seriam administrados como um *corpus separatum*, isto é, um enclave internacional. O Estado judaico seria composto de judeus e palestinos em números quase idênticos, e o Estado árabe teria vasta maioria de palestinos. As duas comunidades poderiam decidir onde votar e possuir cidadania; os dois Estados teriam a mesma moeda e a mesma economia, bem como uma política imigratória decidida em comum acordo.

Em 29 de novembro de 1947, a Assembleia Geral da ONU votou apenas a proposta da maioria, ligeiramente emendada após discussões num comitê *ad hoc* com todos os países-membros. Trinta e três países se manifestaram a favor da partilha e treze, contra; houve dez abstenções. O movimento sionista conquistou uma apertada maioria de dois terços. Ou seja, a aprovação quase não aconteceu.

Embora na época a ONU fosse composta de 57 países e dominada pelas potências imperialistas europeias, pelos Estados Unidos e pela União Soviética, alguns membros, como Libéria e Haiti, ainda tinham vívidas lembranças da brutalidade da colonização. A votação a princípio deveria acontecer em 26 de novembro, mas o movimento sionista temia não conseguir as adesões necessárias. Portanto, através de manobras diplomáticas, a data foi adiada para 29 de novembro. O lobby sionista influenciou os Estados Unidos para pressionar os países hesitantes a votar a favor da partilha – um marco fundamental, pois garantiria o reconhecimento internacional do Estado judaico. O governo estadunidense, que àquela altura já era praticamente pró-sionista, aceitou de bom grado a sugestão, prometendo aos países recalcitrantes financiar seu desenvolvimento, ou ameaçando retirar esse financiamento. É a clássica abordagem da cenoura na ponta da vara, empregada pela diplomacia dos países ricos.

A Resolução 181 também propôs um cronograma para o ano seguinte. Determinou que a data do fim do Mandato Britânico seria 14 de maio de 1948. Até lá, a Inglaterra conservaria a responsabilidade pela manutenção da lei e da ordem e seria auxiliada por um novo Comitê da ONU para a Palestina na implementação do plano da partilha.

Tanto os Estados Unidos quanto a União Soviética, apesar de serem potências rivais, concordaram com o plano da partilha. Os soviéticos ignoraram décadas de antissionismo como parte essencial do programa comunista e se manifestaram a favor da partilha já em maio de 1947. Embora os países árabes estivessem convencidos de que teriam apoio soviético, Stalin via o sionismo como uma forma de enfraquecer a influência britânica na região, e facilitou a emigração de judeus da União Soviética e da Polônia para campos de refugiados, de onde partiriam com destino à Palestina.

Nos Estados Unidos, o assertivo esforço lobista dos sionistas persuadiu o presidente Truman a defender a partilha e a convencer outros países a apoiá-la, a despeito do ceticismo do Departamento de Estado e de seus especialistas em Oriente Médio, para os quais a adesão ao sionismo prejudicaria outros interesses estadunidenses na região.

Nesse período, o governo britânico não tinha nenhum interesse na possibilidade de um Estado árabe palestino, que era pejorativamente chamado de "país do mufti" (*Mufti state*). Desde a Grande Revolta de 1936, o mufti Hajj Amin al-Husayni se tornara o arqui-inimigo da Inglaterra no mundo árabe. Embora Al-Husayni e muitos outros líderes no exílio não tivessem permissão de voltar à Palestina, ele ainda liderava o movimento nacional palestino a partir do Cairo. Os ingleses acreditavam que ele se tornaria o líder do futuro Estado da Palestina e agiria contra os interesses britânicos na região.

No intuito de evitar essa perspectiva, a Inglaterra optou por fortalecer a posição do rei Abdullah da Transjordânia, propondo-lhe que anexasse parte do território palestino demarcado pelo plano de partilha da ONU. O rei foi encorajado a aprofundar seus vínculos com a liderança sionista na Palestina. Com o consentimento tácito de Londres, Abdullah fechou um acordo informal com os sionistas: se alguns territórios palestinos fossem anexados à Transjordânia, ele faria o máximo para se afastar da posição da Liga Árabe, que era contrária à partilha.

Isso era música para os ouvidos sionistas. Em 1947, já se sabia que qualquer tentativa militar de tomar a Palestina desencadearia uma formidável reação do mundo árabe. A liderança sionista precisava minar o poderio militar árabe desde o início. A Legião Árabe, o exército nacional da Jordânia, era a força armada mais poderosa do Oriente Médio. Tratava-se do único exército da região que lutara na Segunda Guerra

Mundial, durante a Guerra Anglo-Iraquiana. Todos os seus oficiais superiores eram britânicos, inclusive o chefe do estado-maior, *sir* John Bagot Glubb. Neutralizar esse exército ou mesmo limitar sua participação facilitaria significativamente a transformação sionista da Palestina num Estado judaico.

A complacência da comunidade internacional, a curiosa aliança formada em torno da causa sionista na ONU e o modo como o Estado judaico era efetivamente tratado como um fato consumado ajudam a explicar as reações que se seguiram no território. Os colonos judeus receberam a notícia com alegria, mesmo que a partilha proposta estivesse longe de seus anseios originais. O ponto fundamental era o reconhecimento da mais alta instituição internacional à criação de um Estado judeu. Ao mesmo tempo, os palestinos entenderam o recado: o princípio da autodeterminação dos povos não se aplicava a eles. Foram às ruas protestar contra a resolução, com manifestações violentas em alguns casos. Mas, depois de poucos dias, uma calma inquieta se instalou. Tanto para os palestinos como para os sionistas, era hora de se preparar para o cataclismo. Cientes de que os sionistas estavam se armando, os políticos palestinos sentiram que sua existência estava ameaçada. A organização paramilitar sionista Irgun, além de lutar contra os ingleses, atacara aldeias árabes para induzir o medo e compelir os palestinos a irem embora. Estes tentaram organizar grupos paramilitares para defender suas comunidades, mas as parcas armas de que dispunham eram de má qualidade, e pouquíssimos tinham experiência de combate. Todos os militantes com verdadeiro pendor bélico já haviam sido mortos ou presos durante a Revolta Árabe de 1936. A liderança palestina esperava que a força voluntária da Liga Árabe pudesse lhes oferecer proteção, mas suas expectativas não se concretizariam.

Por fim, a juventude palestina formou duas pequenas milícias, cujas fileiras foram engrossadas por algumas centenas de voluntários que conseguiram entrar na Palestina. A maior delas, o Exército de Libertação Árabe, organizou-se sob a égide da Liga Árabe, liderada por Fawzi al-Qawuqji, um oficial iraquiano veterano da Revolta de 1936.

Mas a Liga Árabe decidiu não enviar tropas regulares antes do final do Mandato Britânico, marcado para 14 de maio de 1948. Sozinhas, as tropas palestinas não eram páreo para os três grupos paramilitares sionistas: Haganah, Irgun e Gangue Stern, cujos membros estavam mais bem equipados, haviam servido no exército britânico e, sobretudo, eram pelo menos dez vezes mais numerosos. A comunidade internacional, signatária de um documento comprometido com o processo legal e a igualdade de direitos entre as nações, abrira caminho para uma catástrofe – tão abrangente que se tornou sinônimo da palavra árabe *Nakba*.

# 8
# A limpeza étnica da Palestina

Assim que o cronograma da saída dos ingleses foi estabelecido e a Assembleia Geral da ONU endossou a partilha como uma "solução" para o conflito, a liderança sionista começou a planejar os próximos passos. Um pequeno grupo de conselheiros, totalmente clandestino, formado em torno de David Ben-Gurion, o líder da comunidade judaica na Palestina, começou a discutir uma forma de dominar o território designado para o Estado judeu – onde quase metade da população era palestina.

Depois da votação da resolução na ONU, era óbvio que os palestinos e o mundo árabe rejeitariam a partilha. Antecipando a guerra, Ben-Gurion e seus colaboradores estavam dispostos a tomar os territórios alocados para o Estado árabe-palestino após a esperada vitória sionista.

Entre fevereiro de 1947 e fevereiro de 1948, o grupo sionista reuniu forças e aproveitou a oportunidade, confiante no êxito de seu plano. Houve dois estágios no processo de dominação do território pretendido pelo Estado judaico, tanto em termos numéricos como nos da força bruta. No primeiro estágio, os sionistas exploraram a indignação dos palestinos contra o plano de partilha. Quando povoados judeus eram atacados, os sionistas respondiam com punições coletivas aos palestinos, cuja violência se tornou um pretexto para o começo da limpeza étnica das áreas árabes-palestinas dentro do que seria o Estado judeu. O exemplo mais escandaloso desse tipo de operação ocorreu em fevereiro de 1948, em três aldeias nos arredores da antiga cidade romana de Cesareia. Esses três povoados sofreram uma destruição tão violenta e brutal que quase nenhuma edificação permaneceu de pé. É praticamente impossível encontrar vestígios das prósperas comunidades que existiram ali. A totalidade dos aldeões árabes foi obrigada a abandonar suas casas para sobreviver. Tudo isso aconteceu ainda durante o Mandato Britânico, quando os ingleses eram responsáveis pela manutenção da lei e da ordem.

Nos primeiros dois meses de 1948, esses experimentos de limpeza étnica ainda eram limitados – embora fossem sempre justificados pelas forças sionistas como retaliações proporcionais contra ataques palestinos a infraestruturas e povoados judaicos, mesmo quando isso não possuía qualquer fundamento na realidade. No entanto, no segundo estágio, no final de fevereiro de 1948, as táticas sionistas claramente se transformaram. As forças judaicas passaram a executar operações de expulsão em massa, sem qualquer tipo de motivação que pudesse se justificar pela autodefesa ou pela resposta a ataques palestinos.

A intensificação da violência judaica chamou a atenção do Departamento de Estado dos Estados Unidos, que durante muito tempo manifestara ceticismo com relação à colonização sionista. O plano de partilha da ONU não parecia um caminho plausível para a paz; ao contrário, se tornara uma receita para mais violência. Numa tentativa de monitorar a situação e ganhar tempo para chegar a uma solução consensual alternativa, em 19 de março de 1948, Warren Austin, embaixador dos Estados Unidos na ONU, apresentou uma proposta segundo a qual a Palestina ficaria sob o controle de uma coalizão internacional durante cinco anos. Isso aconteceu apenas um dia depois do encontro do presidente Truman com Chaim Weizmann, o líder quase ancião do movimento sionista, que garantiu o apoio estadunidense à partilha.

Previsivelmente, o movimento sionista ficou furioso e imediatamente mobilizou seu fortíssimo lobby nos Estados Unidos, beneficiando-se do fato de que aquele era um ano eleitoral no país. Uma campanha muito agressiva rapidamente deu frutos. Em poucas semanas, Washington recuou subitamente de qualquer apoio ao controle da Palestina por uma coalizão internacional e dobrou sua aposta no plano de partilha.

## PLANO D

Enquanto os Estados Unidos ainda hesitavam em apoiar a partilha, a liderança sionista na Palestina fortaleceu suas posições no território, avaliando que, se avançasse na construção do Estado judaico, nenhuma objeção internacional seria relevante.

No dia 10 de março de 1948, David Ben-Gurion e um pequeno grupo de militares, generais da unidade de inteligência da Haganah, apresentaram o que entraria para a história como Plano Dalet, ou Plano D. Como o nome sugere,[11] era a quarta versão do plano, mas era a versão que seria implementada, gerando consequências devastadoras.

O Plano D se traduziu em ordens diretas às tropas sionistas no território. Seu objetivo era simples: remover o maior número possível de palestinos, de modo que pudesse se estabelecer um Estado de maioria judaica. Eis o método adotado: cada aldeia e suas vizinhanças seriam cercadas por três lados, deixando o quarto lado livre para os residentes saírem conforme eram expulsos ou fugiam aterrorizados. Em seguida, a aldeia era reduzida a escombros e plantavam-se explosivos em meio às ruínas, de modo que ninguém conseguisse voltar. Para onde iriam os palestinos? O plano era claro a esse respeito: deviam sair do país.

De acordo com o Plano D genérico aprovado pela cúpula sionista, os palestinos poderiam evitar esse tratamento caso se rendessem incondicionalmente, embora essa diretriz não se

**11** Dalet (ד) é a quarta letra do alfabeto hebraico. [N.E.]

aplicasse aos locais estratégicos. No entanto, as ordens efetivamente enviadas às forças sionistas pouco atentaram para essas sutilezas. Quando observamos as ações militares no território, fica óbvio que as aldeias e áreas palestinas cobiçadas pelos sionistas estavam condenadas à limpeza étnica desde o início.

Nas ordens militares, encontramos detalhes assustadores dos métodos empregados. Os homens palestinos, que às vezes eram definidos como qualquer pessoa do sexo masculino com mais de dez anos de idade, mas geralmente eram caracterizados como alguém entre 18 e 48 anos, deviam ser executados ou detidos.

Hoje sabemos que esse processo foi ainda mais direcionado, embora as evidências não apareçam em nenhum documento oficial. Nos anos 1940, a unidade de inteligência da Haganah preparou relatórios sobre cada aldeia da Palestina. Esses relatórios incluíam informações extraordinariamente detalhadas sobre a economia local, as relações internas e as orientações políticas dos moradores, e até quantas árvores frutíferas havia em cada aldeia. E cada relatório continha uma lista de pessoas que participaram da Revolta Árabe de 1936, as quais, se ainda estivessem vivas em 1948, seriam detidas ou executadas ali onde fossem encontradas.

Nos meses de março e abril e no início de maio, as forças sionistas se concentraram nos centros urbanos da Palestina, todos completamente destruídos de tal maneira que hoje só podemos descrever esse processo como um urbicídio. Nesse período, a população palestina foi expulsa de Haifa, Bisan, Yafa, Akka, Tiberíades e Safed, bem como das aldeias vizinhas a essas cidades. Em muitos casos, os massacres nas aldeias antecediam operações militares nas cidades; as forças sionistas esperavam assim acelerar a fuga dos habitantes e enfraquecer a resistência. O exemplo mais famoso dessa tática foi a limpeza étnica de Jerusalém Ocidental e de suas 39 aldeias circundantes, em abril de 1948. No dia 9 daquele mês, os grupos paramilitares sionistas Irgun e Gangue Stern atacaram a aldeia de Deir Yassin e mataram seus moradores casa por casa, sem poupar nem mesmo mulheres e crianças. Mais de cem pessoas foram assassinadas. Os palestinos entenderam o recado, e muitos habitantes das áreas vizinhas fugiram, temendo que as forças judaicas fizessem o mesmo em suas aldeias. Numerosos membros desses grupos paramilitares seriam integrados ao exército israelense depois da independência, sob o comando da Haganah.

## A RESPOSTA DO MUNDO ÁRABE

Quando o Mandato Britânico chegou oficialmente ao fim, cerca de 250 mil palestinos já haviam se tornado refugiados, alguns dos quais conseguiram entrar nos países árabes vizinhos. Esse fluxo pressionou os governos da região a atuar em favor da Palestina. Até então, os países árabes apenas haviam dado apoio diplomático aos palestinos, e permitiam que seus cidadãos tentassem entrar na Palestina para combater voluntariamente as forças sionistas. No entanto, esses pequenos bandos de voluntários claramente não eram páreo para a força militar sionista, bem organizada e bem financiada, e que se preparava há anos para aquela ocasião.

Os países árabes esperaram até 14 de maio de 1948, data oficial do final do Mandato Britânico, para enviar tropas a fim de evitar as operações de limpeza étnica das milícias judaicas. Àquela altura, toda essa movimentação era insuficiente – e já era tarde demais. Por que isso aconteceu? Grosso modo, governos árabes como os do Líbano e da Síria, que haviam conquistado a independência poucos anos antes, tiveram dificuldade para granjear o entusiasmo popular requerido pelo envio de contingentes numerosos de soldados à Palestina, enquanto penavam com as próprias disputas internas pelo poder.

A maior força árabe a entrar em combate na Palestina foi a egípcia, que não chegava a ser um exército profissional. Metade dos soldados eram voluntários da Irmandade Muçulmana, que viam a causa palestina como parte de uma luta anti-imperialista mais ampla. O governo egípcio preferia evitar qualquer envolvimento militar, e só autorizou o envio de tropas dois dias antes do fim do Mandato Britânico. Não houve treinamento nem equipamento suficientes.

Como vimos, o exército árabe mais profissional era a Legião Árabe da Jordânia. Mas, como também vimos, o governo de Amã fizera um acordo de bastidores com a liderança sionista. Quando chegou o dia 14 de maio de 1948, os principais tópicos desse tratado secreto ficaram evidentes. O que hoje conhecemos como Cisjordânia foi anexado pela Jordânia sem nenhum combate. Contudo, os dois lados não haviam chegado a um acordo sobre o destino de Jerusalém e seus arredores, e a Legião Árabe lutou pelo controle da cidade. Sua bravura nessa batalha contrasta gritantemente com o modo como as forças jordanianas assistiram passivamente à destruição de povoações palestinas.

O rei Abdullah andava na corda bamba entre seu acordo com Israel e o compromisso de participar do esforço militar da Liga Árabe para salvar os palestinos. Ele negociava secretamente com os israelenses enquanto exercia um papel de liderança no planejamento das operações militares dos árabes na Palestina. Como resultado desse jogo duplo, ao contrário dos planos traçados pela Liga Árabe sob sua direção, a Legião jordaniana não entrou em muitas partes da Palestina, tampouco se juntou às forças egípcias no sul, como era esperado.

Carente de apoio logístico adequado, o exército egípcio parou de avançar após seu êxito inicial, durante o qual ocupou povoados sionistas isolados, ainda que isso não tenha efetivamente ajudado os palestinos. Em meados de agosto de 1948, os expedicionários árabes, incluindo tropas regulares e voluntários sob a bandeira do Exército de Libertação Árabe, não conseguiram impedir a conquista israelense da maior parte do território e a expulsão em massa de palestinos.

A despeito da resistência pan-árabe, a limpeza étnica da Palestina prosseguiu. Quando as forças árabes se retiraram, ela se acelerou. No final de 1948, metade da população árabe da Palestina havia sido expulsa, com mais de quinhentas aldeias destruídas e a maioria das cidades, demolida.

Sobre as ruínas, Israel construiu colônias judaicas e plantou pinheiros importados da Europa. Escandalosamente, algumas aldeias destruídas se converteram em parques. Todos os resquícios de "arabidade" foram apagados. Para os sionistas, a Palestina judaica seria uma Palestina europeia.

Para onde foram os palestinos despejados? No leste, Israel conseguiu expulsá-los para a Cisjordânia ocupada e a Transjordânia. Os palestinos do norte foram empurrados para a Síria e para o Líbano. Mas, no sul, o Egito se recusou a abrir as fronteiras para os refugiados.

Perto do fim da guerra, Israel "resolveu" esse problema com a criação do que se tornaria a Faixa de Gaza, como todos dolorosamente a conhecemos hoje. Era um pequeno retângulo recortado da Palestina histórica (2% do país), onde um campo de refugiados foi criado para receber as centenas de milhares de palestinos expulsos das regiões central e sul da Palestina. Era o maior campo de refugiados do mundo na época, e continua sendo.

Pode ser algo difícil de imaginar atualmente, mas até então Gaza era uma cidade cosmopolita da Via Maris, uma antiga rota de comércio que ligava o Cairo a Damasco, e sede de algumas das mais antigas comunidades cristãs e judaicas do mundo.

## A PRIMEIRA TENTATIVA FRACASSADA DE PAZ (1948-1949)

Israel perpetrou a limpeza étnica diante dos olhos do mundo. Em maio de 1948, a ONU indicou como mediador do conflito o conde Folke Bernadotte, um diplomata sueco famoso por ter resgatado cerca de quinze mil prisioneiros dos campos de concentração nazistas por meio de negociações com os alemães perto do final da Segunda Guerra Mundial. Bernadotte propôs uma revisão da partilha para adaptá-la da melhor maneira possível à demografia da região, concedeu mais território ao Estado árabe e exigiu que os palestinos expulsos pudessem retornar para suas casas. Jerusalém, tal como no plano original da ONU, seria um enclave internacional. A proposta de limitar o tamanho do Estado judaico foi considerada inaceitável pela liderança sionista.

A carreira diplomática de Bernadotte teve um fim abrupto. Em 17 de setembro de 1948, ele foi assassinado pela Gangue Stern, e o caso foi considerado um atentado terrorista cometido por militantes à revelia da autoridade sionista. Alguns historiadores suspeitam de que o governo israelense foi cúmplice do assassinato, embora a extensão dessa cumplicidade nunca tenha sido comprovada.

Depois da morte de seu enviado, a ONU voltou a discutir a pacificação do conflito por meio de uma solução aceitável para ambos os lados. Em dezembro de 1948, a Resolução 194 foi aprovada por ampla maioria. Decidiu-se que os refugiados tinham direito ao retorno, que Jerusalém seria uma cidade internacional e que haveria negociações para alcançar uma solução de dois Estados com base nas fronteiras estabelecidas pela Resolução 181, de 1947. Para implementar a nova resolução, a ONU criou a Comissão de Conciliação da Palestina.

O principal feito dessa comissão foi uma conferência de paz em Lausanne, na Suíça, em abril de 1949, da qual participaram o recém-fundado Estado de Israel, os palestinos, Egito, Síria, Líbano e Jordânia. Israel compareceu a contragosto – sua presença era uma precondição para que o país fosse aceito como membro pleno da ONU. O Departamento de Estado dos Estados Unidos, nos últimos dias de sua influência naquilo que agora passava a ser chamado de "conflito árabe-israelense", também fez pesada pressão para que Israel participasse. No dia 11 de maio, o Estado judaico se tornaria membro pleno das Nações Unidas.

No dia seguinte, todos os delegados da conferência assinaram o Protocolo de Lausanne, que registrou a concordância geral sobre a continuação das negociações com base em três princípios: o retorno dos refugiados palestinos, o plano de partilha de 1947 e o status internacional de Jerusalém.

Israel contestou rapidamente a alegação de que havia concordado com os termos do protocolo da forma como foram entendidos por todos os demais, pois já não queria limitar suas fronteiras àquelas delineadas no plano de partilha de 1947. Apesar da pressão de Washington, que teve curta duração, em grande medida Israel conseguiu se safar, e as negociações chegaram a um impasse. Depois de um ano de trabalho, a Comissão de Conciliação efetivamente desistiu de procurar uma solução. A única coisa que a ONU realmente conseguiu foi patrocinar uma série de acordos de armistício entre Israel e seus vizinhos árabes, definindo assim as fronteiras do novo país.

Essa foi toda a resposta internacional à limpeza étnica da Palestina. Em 1950, fundou-se a Agência das Nações Unidas de Assistência e Obras para os Refugiados Palestinos no Oriente Próximo (UNRWA), que nesse momento pretendia atender a quase um milhão de refugiados palestinos que esperavam voltar para casa. A UNRWA construiu os campos de refugiados que hoje integram a paisagem urbana de Beirute, Damasco e Amã. Diante do compromisso da ONU com o direito de retorno dos refugiados, esses palestinos não aceitaram a cidadania de outros países nem construíram novas casas nos lugares onde se refugiaram. Não queriam dar a entender que se resignaram à expropriação. De todo modo, muitos países árabes, como o Líbano, nem sequer lhes deram a opção de solicitar cidadania. A Jordânia ofereceu essa possibilidade, aceita por apenas metade da comunidade de refugiados em seu território.

Os palestinos não se refugiaram apenas nos países vizinhos. No interior do novo Estado de Israel, também havia grandes contingentes de refugiados, geralmente perto das aldeias em cujas ruínas os assentamentos judaicos eram construídos. Israel se recusou a lidar com eles como refugiados, preferindo a expressão "deslocados internos". Dentro das fronteiras israelenses, hoje há mais de trezentas mil pessoas nessa condição. Elas são o vínculo mais importante e presente entre os "árabes de 1948" – como os palestinos se referem a sua minoria em Israel – e os palestinos espalhados em outros países, separados por fronteiras, forças militares e décadas de expropriação.

Este é um ponto significativo. A Nakba não consistiu simplesmente na conquista de terras pelas forças sionistas, mas numa tentativa de impossibilitar a reconstrução de uma nação palestina. A dispersão dos palestinos por vários países e a destruição de suas antigas comunidades dificultaram a unificação de todos os grupos num único movimento nacional. Veremos adiante como isso aconteceu.

# 9

# Depois da Nakba: Israel e Palestina (1948-1967)

Como demonstram as tentativas diplomáticas hesitantes e, em última análise, inúteis da ONU, Israel saiu impune da limpeza étnica da Palestina. Ninguém condenou o país por seus óbvios crimes contra a humanidade. E não foi por falta de informação. Jornalistas, emissários da Cruz Vermelha Internacional, representantes da ONU e outros observadores escreveram relatórios honestos e detalhados sobre o que de fato acontecia no território, como surtos de tifo, malária e escorbuto. Mas esses relatórios nunca alcançaram ampla divulgação pública, devido a decisões tomadas nos mais altos escalões.

Israel possui uma compreensão idiossincrática das leis e convenções internacionais: tudo que importa é a interpretação que os líderes políticos israelenses fazem das posições da ONU ou de qualquer outra entidade. As intenções da comunidade internacional simplesmente não contam. Israel entendeu o silêncio e a inação acerca da Nakba como uma carta branca para continuar usando a limpeza étnica como forma de estabelecer e fortalecer o Estado judeu e sua segurança nacional. Afinal, ninguém tentou detê-los. A limpeza étnica da Palestina, ininterrupta desde 1948, é chamada pelos palestinos de *Al-Nakba al-Mustamirra* – a Nakba Contínua.

O emprego repetido de métodos de limpeza étnica por Israel contra os palestinos leva alguns estudiosos a caracterizar a sociedade israelense como "colônia de assentamento". Como defendem os pesquisadores dessa variante colonial, ela não se resume a um único evento – a simples conquista da terra –, mas consiste numa estrutura permanente para facilitar a expropriação enquanto durar o projeto de ocupação territorial. A população autóctone precisa permanecer numa posição subordinada até que sua sociedade seja destruída pela morte ou pela expulsão, ou então até que os colonizadores desistam do projeto e um dia se disponham a ser cidadãos de um país descolonizado, como os brancos da África do Sul.

A limpeza étnica continuou em Israel entre 1948 e 1967, com a destruição de várias aldeias palestinas, até o início da Guerra dos Seis Dias. Ainda assim, os palestinos se tornaram uma minoria considerável dentro do Estado judeu, representando cerca de 17% da população. Essa parcela aumentaria para 20% depois da anexação israelense de Jerusalém Oriental e das Colinas de Golã, como veremos.

## O REGIME MILITAR DENTRO DE ISRAEL (1948-1966)

A expulsão dos cidadãos palestinos de Israel, entre 1948 e 1967, era parte de um repertório de repressão contra os palestinos que permaneceram no território. Israel submeteu os palestinos dentro de suas fronteiras a uma administração militar, regime que durou até 1966 na maioria dos lugares, mas que sobreviveu até 1967 em outros.

O regime militar era na verdade um sucessor das regulações britânicas de emergência, que davam ao exército controle absoluto sobre a vida dos cidadãos. Esses poderes permitiram a expulsão do povo, o despejo dos moradores de suas casas, detenções sem o devido processo legal e ataques armados contra pessoas e comércios. Essas táticas seguem em ação atualmente na Cisjordânia e na Faixa de Gaza.

As forças israelenses também impuseram toques de recolher, frequentemente sem aviso prévio. Um deles foi imposto em outubro de 1956 na aldeia de Kafr Qasim, na fronteira entre Israel e Cisjordânia, às vésperas da Guerra do Sinai [também conhecida como Crise de Suez]. Esse conflito foi uma fracassada tentativa de Israel, França e Inglaterra de derrubar Gamal Abdel Nasser, que havia assumido a presidência do

Egito após a revolução de 1952. Nasser nacionalizara o Canal de Suez, que era controlado pelos ingleses desde a sua construção, no século XIX, e exigiu a retirada das forças britânicas do Egito. E o que era ainda pior aos olhos ocidentais: ajudou a Frente de Libertação Nacional, movimento argelino contra a ocupação colonial francesa. Israel via Nasser como um forte apoiador da causa palestina, e esperava retirá-lo do poder com a colaboração da Inglaterra e da França, substituindo-o por um líder pró-ocidental.

Na véspera desse fiasco, os serviços de segurança israelenses alegaram, sem nenhuma evidência, que os palestinos dentro de Israel se revoltariam e tomariam o lado dos egípcios. Israel impôs, então, um toque de recolher nas aldeias palestinas fronteiriças, e Kafr Qasim estava na lista. No entanto, Kafr Qasim ficava na Linha Verde [demarcação de fronteiras de Israel após a guerra de 1948], na divisa com a Cisjordânia, distante do Egito.

O toque de recolher foi decretado às 16h30 de 29 de outubro de 1956, uma segunda-feira. De acordo com os termos do decreto, qualquer pessoa – homem, mulher ou criança – que estivesse fora de casa depois das 17h seria alvejada. Evidentemente, muitos moradores da aldeia estavam trabalhando no campo à tarde, e não sabiam da proibição. Quando voltavam para casa, a polícia fronteiriça de Israel disparou contra eles, matando 49 pessoas. Esse massacre ainda hoje é uma ferida aberta na história e na memória da minoria palestina em Israel.

## ACONTECIMENTOS EM OUTRAS PARTES DA PALESTINA HISTÓRICA (1948-1967)

Como vimos, a Jordânia anexou a Cisjordânia durante a guerra de 1948. Embora a Liga Árabe tivesse oficialmente determinado que toda governança sobre partes da Palestina histórica fora das fronteiras oficiais de Israel seria temporária até a libertação do país, o rei Abdullah da Jordânia ignorou essa decisão, unificou a Jordânia e a Cisjordânia, nas duas margens do Rio Jordão, e se declarou rei da Jordânia e da Palestina. Algumas famílias importantes da Cisjordânia receberam bem essa mudança, vendo-a com pragmatismo. Mas, assim que o movimento nacional palestino se reergueu das cinzas, a Cisjordânia passou a ser considerada um território que precisava ser libertado.

Havia poucos campos de refugiados na Cisjordânia. Os desterrados ainda tinham esperança de voltar para casa, e continuaram alimentando um forte sentimento de nacionalidade palestina. Mas, nos campos da Faixa de Gaza, a nação palestina redespertou com toda força. Assim como na Cisjordânia, os primeiros atos de resistência dos refugiados começaram como tentativas de recuperar o que restara de seus rebanhos, safras e outros bens perdidos nas aldeias que foram alvo da limpeza étnica. As forças israelenses adotaram a política de atirar para matar. O passo seguinte da resistência foi a formação de unidades de guerrilha para atacar o exército e os civis israelenses. Os guerrilheiros eram chamados de *fidayin*, que em árabe significa "aqueles dispostos a se sacrificar".

Conforme a resistência se tornou mais coordenada, Israel retaliou com a criação de um novo comando militar de elite, a Unidade 101, chefiada por Ariel Sharon. Em 1953, numa infame retaliação pela morte de três civis em Israel após um atentado dos *fidayin*, a Unidade 101 atacou a aldeia de Qibya, na Cisjordânia, assassinando ao menos 69 pessoas e explodindo 45 casas, em alguns casos com gente dentro.

Essas e outras operações similares, que se intensificaram na fronteira Gaza-Israel em 1955, serviram de pretexto para que Israel se aliasse à Inglaterra e à França na Guerra do Sinai. Nesse conflito, forças israelenses ocuparam brevemente a Faixa de Gaza e a Península do Sinai, mas os Estados Unidos e a União Soviética forçaram sua retirada.

A partir de 1956, os *fidayin* de Gaza se articularam com novas iniciativas conduzidas por estudantes palestinos exilados em lugares como Egito, Kuwait e Líbano. Em 1957, eles se organizaram informalmente num grupo chamado Fatah – em árabe, um acrônimo invertido para Movimento de Libertação Nacional da Palestina (Harakat al-Tahrir al-Watani al-Filastini). No dia 1º de janeiro de 1965, o Fatah virou manchete após conduzir uma operação de sabotagem contra Israel: explodir parte do Aqueduto Nacional. Mas não obteve sucesso. Israel construiu esse aqueduto para desviar parte das águas do Rio Jordão até o sul do país. A tentativa de sabotagem foi condenada pelos Estados Unidos e acirrou ainda mais as tensões na fronteira sírio-israelense.

Os novos soberanos da Cisjordânia, a dinastia hachimita da Jordânia, tentaram restringir a travessia de refugiados palestinos pela fronteira até suas antigas aldeias e impedir os *fidayin* de realizar operações contra Israel. Além disso, o rei Hussein, neto de Abdullah, insistia desde o início dos anos 1950 em negociar com Israel para pacificar a fronteira. Mas os *fidayin* e as forças israelenses continuaram a se enfrentar.

A tentativa de Hussein de, por assim dizer, "jordanizar" a Cisjordânia não funcionou, e a população seguia aferrada a sua identidade palestina. A Cisjordânia continuou palestina mesmo depois de 1957, quando Hussein desconfiou de uma tentativa de golpe por parte de unidades nacionalistas árabes pró-Nasser infiltradas nas Forças Armadas jordanianas, recrutadas sobretudo na Cisjordânia, e decretou toque de recolher, baniu os partidos políticos e instituiu uma rigorosa censura.

Apesar de sua hostilidade ao pan-arabismo, o rei Hussein participou de uma iniciativa da Liga Árabe, liderada por Nasser, para renovar o interesse pela luta de libertação palestina. Em 1964, em Jerusalém, uma reunião da Liga Árabe criou o Conselho Nacional Palestino, que daria origem à Organização para a Libertação da Palestina (OLP). A entidade era composta de velhos líderes políticos da comunidade palestina durante o período do Mandato Britânico.

Nesse ínterim, alguns palestinos mais radicais se filiaram ao Qawmiyah al-Arabiyah, um movimento nacionalista pan-árabe de esquerda do qual emergiriam grupos filiados à OLP após 1967, como a Frente Popular para a Libertação da Palestina (FPLP) e a Frente Democrática para a Libertação da Palestina (FDLP). Outros se associaram a partidos comunistas e pan-sírios e ao Partido Baath (socialista, defensor da unidade pan-árabe) e seus diversos setores. Este último, cujo nome significa "renascimento" em árabe, acabaria se tornando a força política dominante na Síria e no Iraque.

A maior parte das atividades políticas dos palestinos, fosse na Cisjordânia, na Faixa de Gaza ou fora da Palestina, desenvolvia-se nos campos de refugiados. Apesar da pobreza e das amargas condições de vida, os ativistas palestinos conseguiram prover educação, bem-estar e solidariedade nesses lugares. Como sabemos, não conquistaram a libertação. Mas mantiveram viva a causa palestina, recusando-se a abandonar suas reivindicações de justiça.

## OS JUDEUS ÁRABES

Antes de prosseguir, precisamos tratar brevemente da composição demográfica de Israel, em particular dos 650 mil judeus emigrados do mundo árabe e muçulmano. Antes de 1948, a liderança sionista não se interessava muito por eles, pois os considerava essencialmente árabes. Aos olhos sionistas, esses judeus não ajudariam na construção de um entreposto europeu no Oriente Médio.

No entanto, o Holocausto destruiu as comunidades judaicas na Europa, reduzindo a população de judeus a um terço de seu tamanho anterior. Além disso, a maioria dos judeus dos Estados Unidos e da Inglaterra não emigrou para Israel, pois vivia muito confortavelmente em seus países. Portanto, os sionistas precisaram procurar no Oriente um modo de povoar o novo Estado judaico. Mas não foi fácil convencer os judeus árabes a deixar seus países, onde, em muitos casos, suas comunidades estavam estabelecidas havia séculos ou milênios. Eles haviam prosperado, tinham poucas experiências de antissemitismo e se sentiam tão árabes quanto seus vizinhos. Os sionistas precisaram recorrer a uma agressiva campanha de persuasão, muitas vezes se valendo de métodos desonestos.

Entre o final dos anos 1940 e o início dos anos 1950, o movimento sionista visou essencialmente a comunidade judaica do Iraque, uma das mais antigas do mundo, existente desde a época do Antigo Testamento. Como a liderança sionista fez os judeus iraquianos emigrarem em massa para Israel?

Primeiro, o Mossad, serviço de inteligência israelense, conduziu operações terroristas de falsa bandeira para semear o medo na comunidade judaica local, como atentados a bomba em sinagogas e outros centros comunitários. Em seguida, Israel fechou um acordo secreto com o primeiro-ministro iraquiano, Nuri al-Said, que de bom grado aprovou uma legislação contra os judeus para instigá-los a deixar o país, aproveitando a oportunidade para confiscar suas vultosas propriedades e capitais.

Uma tática diferente foi usada no Iêmen. Os judeus iemenitas eram muito mais religiosos que os iraquianos. Foram persuadidos a se mudar para a Palestina a fim de realizar a profecia messiânica que conectava seu retorno ao início da redenção do povo judeu. Disseram-lhes que, na Palestina, os sionistas construíam uma sociedade judaica devota. Ao mesmo tempo, líderes israelenses como David Ben-Gurion se descreviam como construtores de um Estado socialista moderno.

Ondas de imigração posteriores, provenientes do Norte da África, da Síria e do Líbano, ocorreriam depois da Guerra dos Seis Dias, em 1967. Ao longo das duas décadas seguintes à fundação de Israel, o Estado sionista obteve sucesso em fazer o mundo árabe tornar o sionismo um sinônimo de judaísmo. Nesse sentido, temendo perseguições em seus países, os judeus árabes emigraram para Israel.

A comunidade judaica do Egito é um caso particularmente interessante. A presença judaica no país datava da era anterior ao advento do cristianismo. Israel dificultou a vida dos judeus egípcios em 1954, quando recrutou um punhado de jovens membros da comunidade para preparar atentados terroristas contra alvos associados ao Ocidente (como bibliotecas e cinemas) no Egito. A expectativa era prejudicar as relações do Egito com as potências ocidentais. Os terroristas foram detidos, o que provocou tensões no Egito, e a maioria dos judeus do país partiu para Israel ou para os Estados Unidos, preocupada com sua segurança em meio ao clima hostil. O infame episódio se tornou conhecido como Caso Lavon, em referência a Pinhas Lavon, ministro da Defesa israelense que ordenou os ataques mas negou qualquer responsabilidade. O caso prejudicou a tentativa do primeiro-ministro israelense Moshe Sharett de negociar a paz com o Egito.

Os líderes sionistas veteranos inferiorizavam os judeus recém-chegados de países árabes e muçulmanos, e não tinham receio de manifestar seu desdém. Ao desembarcar em Israel, muitos judeus árabes foram borrifados com o pesticida DDT, num ritual de humilhação proposital. Os sionistas consideravam que esses judeus precisavam ser desarabizados. As autoridades dividiram grandes clãs familiares em pequenas famílias nucleares e fizeram as crianças pequenas serem educadas apenas em hebraico e doutrinadas para crer na bravura do Estado de Israel, enquanto os judeus árabes eram deliberadamente mantidos à margem da sociedade. Muitos dos que chegavam, a despeito de suas profissões nos países de origem, eram realocados em cidades pobres de fronteira, perto dos países árabes vizinhos, e, por falta de opção, obrigados a se dedicar a serviços não especializados. Para serem reconhecidos como iguais pelos judeus europeus que compunham a elite israelense, era óbvio que precisariam renegar por completo o passado árabe. Esse projeto agressivo foi em grande medida bem-sucedido. Atualmente, os judeus árabes constituem um dos maiores contingentes de eleitores dos partidos da direita israelense, e muitas vezes são os mais aguerridos defensores da violência contra os palestinos. Eles se revelaram os mais inflexíveis defensores do sionismo – mesmo que ainda não tenham alcançado a igualdade.

# 10

# A caminho da Guerra dos Seis Dias (1967)

Israel gosta de propagar o mito de que é um país isolado, cercado de nações inimigas que desejam aniquilá-lo, e que por isso precisa receber auxílio militar praticamente ilimitado. A Guerra dos Seis Dias, em 1967, é vista como um caso exemplar. Mas esse não é um retrato fiel da realidade das relações dos países árabes com Israel. Nos anos 1950, apesar de seu apoio à causa palestina, o presidente Gamal Abdel Nasser estava disposto a explorar a possibilidade de um acordo com Israel, que daria ao Egito um acesso por terra à Jordânia e permitiria o retorno dos refugiados e a criação de um Estado palestino. No entanto, Nasser não tinha nenhum interlocutor confiável no lado israelense. Ele ambicionava que uma intervenção internacional corrigisse a injustiça contra os palestinos e contivesse o expansionismo de Israel. Até a Crise de Suez, em 1956, o Ministério das Relações Exteriores britânico e o Departamento de Estado dos Estados Unidos ainda estavam dispostos a adotar o plano egípcio como uma base para as negociações. Mas, depois que Nasser nacionalizou o Canal de Suez, exigiu a retirada dos ingleses e pediu ajuda a Moscou, essa iniciativa morreu, e a Inglaterra, sem a aprovação de Washington, aliou-se à França e a Israel para tentar derrubar Nasser, como vimos.

A participação israelense nessa operação malograda fez Nasser temer que Israel não pararia por aí e acabaria derrubando os regimes nacionalistas da Síria e do Iraque. Para tentar impedir que isso acontecesse, e para fortalecer sua posição no mundo árabe, em 1958 ele conseguiu convencer o governo sírio a se fundir com o Egito em uma república unificada. Esse novo país, denominado República Árabe Unida (RAU), durou apenas três anos. Mesmo após sua desintegração, o Egito e a Síria continuaram a ser aliados estratégicos, unidos pelo medo de um iminente ataque israelense e pelo compromisso com a libertação da Palestina. Quando Israel deu início ao projeto de desviar a água do Rio Jordão para o Aqueduto Nacional, em meados dos anos 1960, causou atritos constantes na fronteira síria.

Ainda governada pela dinastia hachimita, a Jordânia, adversária dos movimentos pan-árabes no Egito e na Síria, compartilhava com eles o temor de uma agressão israelense. Por fim, em maio de 1967, o reino assinou um acordo de defesa mútua com o Egito.

Amã tinha bons motivos para apreensão. A fronteira da Jordânia com Israel havia se tornado um campo de batalha. Em 1965, o Fatah e as guerrilhas palestinas haviam lançado operações a partir da Jordânia e da Cisjordânia, causadoras de uma brutal retaliação das forças israelenses, que invadiram o território jordaniano. Em novembro de 1966, as forças israelenses desceram à aldeia de Samu, na Cisjordânia, para atacar o Fatah e entraram em choque com o exército da Jordânia, matando quinze soldados e um piloto. A região descambava para uma guerra total.

Os governos de Egito, Jordânia e Síria temiam um ataque israelense contra a Síria. Nasser decidiu responder através de uma tática arriscada: empreendeu manobras militares na expectativa de que isso faria a comunidade internacional voltar a intervir na Palestina após o fim do Mandato Britânico. Nesse intuito, deslocou tropas para a Península do Sinai, que fora desmilitarizada em 1956 sob a supervisão da ONU, e fechou o Estreito de Tiran, localizado na entrada do Mar Vermelho para o Golfo de Aqaba, bloqueando o acesso marítimo ao porto israelense de Eilat.

Israel explorou a perigosa tática egípcia para implementar uma visão cara a muitos líderes sionistas: o Grande Israel. Essa entidade equivaleria a toda a Palestina histórica, ou seja, os atuais territórios de Israel, Cisjordânia e Faixa de Gaza, que seriam um Estado judeu de ponta a ponta. Nos mais altos escalões do governo israelense, atuava um lobby favorável ao Grande Israel, formado basicamente por ex-generais da guerra de 1948 e velhos ideólogos do movimento trabalhista, todos arrependidos por não terem conquistado toda a Palestina histórica dezenove anos antes. Eles eram apoiados por um pequeno grupo de sionistas religiosos, jovens alunos de uma yechiva chamada Centro do Rabino (Mercaz Harav), em Jerusalém. Eram discípulos do rabino Zvi Kook, que ensinava que a colonização da Cisjordânia e da Faixa de Gaza por Israel era a vontade de Deus e um imperativo religioso.

Esse lobby já havia tentado várias vezes convencer o primeiro-ministro David Ben-Gurion, que ficou no poder até 1963, de que a violação do armistício com a Jordânia e a ocupação da Cisjordânia eram justificáveis. Em 1958, alegaram que um golpe pró-nasserista era iminente na Jordânia, e que seria prudente estabelecer uma fronteira sólida no Rio Jordão e controlar a Cisjordânia. A segunda grande tentativa ocorreu em 1960, quando Nasser avaliou equivocadamente que Israel estava prestes a atacar a Síria e tomou medidas similares às de junho de 1967: enviou tropas para a Península do Sinai e fechou o Estreito de Tiran. Israel mobilizou seus reservistas, e isso bastou para desescalar as tensões. Ambas as tentativas foram debeladas por David Ben-Gurion, o arquiteto da limpeza étnica de 1948. Depois de supervisionar a expulsão de quase um milhão de palestinos, agora ele não tinha nenhuma intenção de incorporar mais territórios palestinos ao Estado judaico.

Mas Ben-Gurion se afastou da política oficial em 1963, e seus sucessores mostraram muito mais abertura à ideia de criar o Grande Israel. De fato, o governo formou uma equipe de especialistas para planejar a administração da Cisjordânia e da Faixa de Gaza, caso essas duas áreas caíssem nas mãos de Israel. Michael Shaham, que chefiara o regime militar imposto aos cidadãos palestinos, foi o diretor do plano. O programa ficou conhecido como Plano Shaham. Finalizado entre 1963 e 1964, incluía claras diretrizes para estabelecer um sistema legal militarizado depois da ocupação, a fim de policiar e controlar a população. Foi exatamente o que aconteceu em junho de 1967.

Considerando que uma guerra seria um pretexto útil para ocupar os territórios cobiçados, Israel sabotou todas as tentativas de evitar o conflito. E houve diversas delas. A comunidade internacional poderia ter desescalado a situação se tivesse vontade política suficiente, mas Israel estava determinado a explorar as tensões e deflagrar uma guerra que lhe permitisse tomar as regiões da Palestina histórica que não conseguira conquistar em 1948.

Assim, Israel lançou um ataque coordenado em 5 de junho de 1967, começando pela destruição das forças aéreas de Egito, Síria e Jordânia. Em seis dias, o exército israelense criou um pequeno império ao ocupar a Cisjordânia, a Faixa de Gaza, o Sinai e as Colinas de Golã.

Para entender o conflito, não precisamos examinar as relações entre Israel e Egito ou Síria depois de junho de 1967. Manteremos o foco na Palestina histórica. No entanto, devemos notar que, quando Israel tomou as Colinas de Golã na Guerra dos Seis Dias, realizou a limpeza étnica de quase cem aldeias, expulsando seus moradores para outras partes da Síria. Israel colonizou essas áreas com os mesmos métodos de 1948, agora aperfeiçoados.

# 11

# A construção das duas maiores prisões do mundo (1967-2000)

Como evidenciam as ações de Israel entre 1948 e 1967, o movimento sionista é um projeto colonial de assentamento ainda em curso, que busca obter o máximo de territórios com o mínimo possível de habitantes nativos. Até 1967, Israel conquistara 78% da Palestina histórica, ou seja, não havia alcançado completamente seus objetivos. A Guerra dos Seis Dias deu a Israel o controle de toda a Palestina histórica. O que fazer agora? O 13º governo israelense buscou responder a essa pergunta.

Foi o governo mais pluralista de Israel. Todos os partidos sionistas estavam representados, inclusive as agremiações ultraortodoxas. A unidade dessa coalizão aparentemente bizarra possibilitou decisões estratégicas que até hoje determinam o destino de Israel e da Palestina. Por sorte, as atas das reuniões desse governo foram tornadas públicas pelos arquivos estatais nos últimos anos, de modo que conhecemos em detalhes as medidas tomadas na época, bem como suas justificativas.

Antes, porém, voltemos a considerar o problema pelo viés do colonialismo de assentamento. Os territórios ocupados, em particular a Cisjordânia, foram considerados cruciais pelo 13º governo. Para alguns setores governamentais, o controle da Cisjordânia era necessário por considerarem a região o coração de Israel do Antigo Testamento e, portanto, "o coração da nação", onde estão localizadas cidades bíblicas como Hebron e Belém. Para outros, tratava-se de um acréscimo territorial necessário para estabelecer o Rio Jordão como barreira estratégica no front oriental de uma possível guerra árabe-israelense. Isso é um absurdo – e basta olhar o mapa para entender por quê. O Rio Jordão tem uma largura média de trinta metros, e nenhum exército em deslocamento teria dificuldade de atravessá-lo.

No entanto, havia um problema óbvio. A Cisjordânia e a Faixa de Gaza tinham grandes populações palestinas. Como tomar o território sem o povo? Em 1948, como vimos, a solução foi a limpeza étnica e a proibição do retorno dos refugiados. Seria possível fazer o mesmo após a Guerra dos Seis Dias? O governo concluiu que esses métodos não podiam ser usados novamente. Até 2005, foram necessárias diversas decisões para moldar a estratégia israelense em relação à Cisjordânia e à Faixa de Gaza.

A primeira decisão israelense foi permitir a residência da maioria dos palestinos nas novas áreas ocupadas, expulsando apenas um número relativamente pequeno, se comparado ao de 1948. No total, Israel removeu cerca de trezentos mil palestinos dos territórios ocupados em 1967, principalmente dos campos de refugiados próximos a Jericó, da Cidade Velha de Jerusalém e da área da Grande Jerusalém.

O governo israelense também vetou a concessão de cidadania aos palestinos nos territórios ocupados. Essa decisão gerou muita controvérsia no gabinete – alguns ministros se perguntaram por quanto tempo alguém poderia viver submetido a um regime sem nenhum direito de cidadania. Moshe Dayan, o ministro da Defesa, respondeu explicitamente que as pessoas conseguiriam viver assim por pelo menos cinquenta anos. Em outras palavras, eles não tinham nenhum interesse em modificar a situação.

Na prática, só se consegue privar milhões de pessoas de cidadania, isto é, do direito de participar das decisões que moldam suas vidas, pela imposição de uma opressão sistemática. Esse tipo de status quo apenas se mantém por meio de um sistema de policiamento e controle que viola direitos civis e humanos básicos. Com esse propósito, as mesmas regulações de emergência usadas para administrar a minoria palestina dentro de Israel até 1967 foram aplicadas na Cisjordânia e na Faixa de Gaza depois da Guerra dos Seis Dias, tal como a equipe de Shaham havia planejado antes da anexação. Essas regulações davam poder absoluto ao exército para prender pessoas sem julgamento, fechar comércios, escolas e locais de trabalho, impor toques de recolher e interdições, expulsar civis e assediar a população impunemente.

Outra decisão fundamental foi tomada nessas reuniões de governo. Embora Israel em princípio não fizesse objeção ao processo de paz, jamais abriria mão do controle da Cisjordânia e da Faixa de Gaza. Isso tornou a posição israelense muito hipócrita, em particular a do Partido Trabalhista (que chefiou o governo entre 1969 e 1977, e integrou governos de coalizão em 1984-1990, 1992-1996 e 1999-2001). Os líderes israelenses alegam concordar com um processo de paz que discuta o destino da Cisjordânia e da Faixa de Gaza, mas na prática não conseguem vislumbrar uma realidade em que Israel não mantenha o controle direto ou indireto sobre essas áreas. O governo israelense defende essa posição até hoje, e na verdade apenas a intensificou ao longo das décadas.

O 13º governo de unidade nacional, formado em 1967, foi substituído por gabinetes dominados pelos trabalhistas, que governaram Israel nos oito anos seguintes (1969-1977). Enquanto estiveram no poder, a posição oficial do governo era chamada de "opção jordaniana", proposta pelo político trabalhista Yigal Allon, velho defensor do Grande Israel. De acordo com esse plano, Israel cederia o controle de certas partes da Cisjordânia à Jordânia e anexaria o restante. Isso permitiria aos jordanianos incorporar as áreas mais povoadas por palestinos e deixar as menos habitadas em mãos israelenses, mesmo se adjacentes à fronteira com a Jordânia.

Embora sem sucesso, Allon defendia que os judeus deviam se estabelecer em áreas da Cisjordânia que ele identificava como pertencentes a Israel. Foi assim que o Partido Trabalhista criou as primeiras colônias ilegais de judeus no Vale do Rio Jordão, perto de Hebron, Belém e na área da Grande Jerusalém. Allon também foi responsável pela primeira tentativa de expulsar os palestinos de Masafer Yatta, região montanhosa ao sul de Hebron, com o intuito de garantir a integridade do território judaico desde o deserto do Naqab (Neguev) até o Rio Jordão. Os palestinos resistiram e continuam resistindo à limpeza étnica. Depois dos acontecimentos de 7 de outubro de 2023, enquanto os olhos do mundo se voltavam para Gaza, judeus assentados nessa área conseguiram expulsar milhares de palestinos de suas aldeias, com total colaboração do exército israelense.

Mas o problema do Partido Trabalhista era que os colonos sabiam muito bem onde queriam viver, e não se deixariam limitar por sutilezas diplomáticas. Em 1974, um novo movimento messiânico judaico, precursor do Gush Emunim (Bloco dos Fiéis), levou milhares de judeus para a Cisjordânia e a Faixa de Gaza. Seu lema era: "A terra de Israel para o povo de Israel, de acordo com a Torá de Israel".

O Gush Emunim se instalou exatamente nos lugares que o Plano Allon cederia à Jordânia. Eles adotavam um "mapa bíblico" – que indicava as áreas de maior população palestina da Cisjordânia como alvos de seus assentamentos – e buscavam tornar a colonização judaica um fato consumado; o governo permitiu que assim fizessem.

Todos esses assentamentos eram e são ilegais de acordo com as convenções do direito internacional, principalmente a Convenção de Genebra. De acordo com a Quarta Convenção de Genebra, os países não têm o direito de transferir seus próprios cidadãos para áreas ocupadas, tampouco de expropriar a população local. Quando as organizações de direitos humanos tentaram contestar esses assentamentos ainda em seus primeiros estágios, a Suprema Corte de Israel autorizou a construção das colônias sob a alegação de que seriam temporárias e teriam apenas propósitos de defesa e segurança nacional. Mais tarde, a mesma Suprema Corte legalizou a transformação desses entrepostos "militares" em povoações civis. Israel, portanto, alega exercer seus direitos – mas o direito internacional permanece o mesmo desde então.

Novos assentamentos na Faixa de Gaza começaram em 1968. Durante o primeiro mandato do premiê Yitzhak Rabin, entre 1974 e 1977, o Partido Trabalhista estimulou a fixação de judeus nessa estreita faixa territorial, onde foi criada uma densa concentração de assentamentos, posteriormente chamada de Gush Katif.

A Faixa de Gaza foi inventada pelos israelenses em 1948, diante do problema aparentemente insolúvel dos refugiados. Mas, apesar dos esforços de Allon e de outros defensores do Grande Israel, após 1967 o governo israelense só conseguiu assentar alguns milhares de colonos em Gaza. Muitos outros foram realocados no Sinai ocupado, onde surgiram duas novas cidades. Esses assentados seriam despejados depois de 1979, quando Israel assinou a paz com o Egito.

Durante o governo trabalhista, as medidas de judaização não se limitaram à Cisjordânia e à Faixa de Gaza. Metade dos cidadãos palestinos em Israel vivia na região da Galileia, onde constituíam 50% da população. Israel quis mudar dramaticamente o equilíbrio demográfico para colocar os judeus na posição de maioria. Embora esforços esporádicos tivessem sido realizados desde 1948, em 1976 o gabinete trabalhista executou um projeto de "judaização da Galileia". Terras árabes foram confiscadas, e construíram-se novas bases militares e assentamentos judeus.

A comunidade palestina da Galileia não tinha ilusões quanto ao que estava acontecendo. Para protestar contra o roubo de suas terras, os palestinos anunciaram uma greve de um dia em março de 1976. Israel reagiu impiedosamente, matando seis manifestantes. Essa data se tornaria o Dia da Terra Palestina, comemorado todo ano pelos palestinos em Israel e nos territórios ocupados.

## IMUNIDADE INTERNACIONAL PARA A OCUPAÇÃO

Imediatamente após a Guerra dos Seis Dias, os Estados Unidos assumiram a frente da "resolução" do conflito. Antes de 1967, Washington se afastara dos esforços diplomáticos para mudar a realidade no território da Palestina histórica, pois considerava que a questão não pertencia a sua alçada.

Na verdade, até o assassinato do presidente John F. Kennedy, em novembro de 1963, as raras intervenções diplomáticas estadunidenses no assunto não foram coordenadas com Israel. Além disso, embora os Estados Unidos em geral tenham sido favoráveis a Israel, vez ou outra sua posição colidia com as ações e os desejos do Estado judaico. Até 1963, Washington ainda apoiava o direito de retorno dos refugiados palestinos, não era entusiasta do desvio das águas do Rio Jordão e chegou a condenar os excessos das retaliações israelenses contra as guerrilhas palestinas nos territórios soberanos da Jordânia e da Síria. Os Estados Unidos também se recusaram a ajudar Israel a desenvolver sua capacidade nuclear; foi preciso pedir esse favor à França.

Em 1963, no entanto, foi criado o Comitê Americano de Assuntos Públicos de Israel (Aipac, na sigla em inglês), um notável grupo lobista que construiu uma extensa máquina política para garantir que a imensa maioria dos políticos estadunidenses desse apoio incondicional ao Estado judeu. Assim, ainda que as políticas de Israel incomodassem o governo dos Estados Unidos, essa insatisfação jamais se traduziria em qualquer tipo de ação significativa.

A última repreensão inútil que Washington aplicou a Israel remete ao fim da Guerra dos Seis Dias, quando o Estado judeu anexou Jerusalém Oriental oficialmente. Em 1949, os Estados Unidos haviam se juntado a outros países para condenar a decisão de Israel de fazer de Jerusalém Ocidental sua capital, numa violação aos termos da Resolução 181 da ONU, que atribuíra a Jerusalém o status de cidade internacional. Por isso, até a primeira presidência de Donald Trump (2017-2021), a embaixada estadunidense ficava em Tel Aviv, e não em Jerusalém.

Contudo, depois da guerra de 1967, os Estados Unidos adotaram uma estratégia diferente, que ainda hoje justifica suas prioridades baseada na visão de que o conflito começara somente em 1967, de que isso não era culpa de Israel, e de que seria generoso da parte dos israelenses conceder alguns territórios em nome da paz. O fundamento legal dessa estratégia era a Resolução 242 do Conselho de Segurança da ONU, emitida em resposta à guerra de 1967. Numa de suas primeiras versões, a resolução exigia que Israel se retirasse de todos os territórios ocupados e reconhecesse a integridade territorial de seus vizinhos como pré-requisito para a paz. Adotando um comportamento que rapidamente se tornou típico, Israel entendeu que a exigência de retirada se referia somente a alguns territórios.

A ONU reiteraria o mesmo princípio após a Guerra do Yom Kippur, em outubro de 1973, quando Egito e Síria atacaram Israel com o objetivo de reconquistar as Colinas de Golã ocupadas. Israel repeliu o ataque com a ajuda dos Estados Unidos. Seguiu-se uma longa trégua que acabaria resultando no tratado de paz entre Israel e Egito. A Resolução 338 do Conselho de Segurança da ONU determinou a implementação da Resolução 242 e reconheceu formalmente os direitos dos refugiados palestinos, tanto os de 1948 quanto os de 1967.

Antes da Guerra do Yom Kippur, a estratégia estadunidense, derivada da Resolução 242 da ONU, também era endossada pela Comunidade Econômica Europeia. Os Estados Unidos não a implementaram de maneira uniforme e consistente; a posição variava, e ainda hoje varia, conforme a personalidade do presidente da vez. Obviamente, um Obama adota um tom diferente de um Trump.

Durante o governo Richard Nixon (1969-1974), os Estados Unidos se envolveram nas primeiras tentativas de fazer avançar uma solução baseada na Resolução 242. Como secretário de Estado, William Rogers tentou executar seu próprio Plano Rogers para a paz, obrigando Israel a se retirar dos territórios egípcios e a selar uma paz duradoura com o país vizinho. Mas ignorou a Questão Palestina. Rogers foi escanteado pelo conselheiro de segurança nacional de Nixon, Henry Kissinger, que mais tarde assumiria o cargo de secretário de Estado. O fiasco da empreitada de Rogers levaria à Guerra do Yom Kippur, em 1973.

Houve outra tentativa, defendida na ONU por países árabes e africanos, que propuseram uma abordagem muito diferente para o problema da Palestina histórica. Os países recém-descolonizados, especialmente da África, se uniram no apoio aos cidadãos negros da África do Sul em sua luta contra o apartheid. Eles também enxergavam Israel como um regime de apartheid, que precisava ser combatido da mesma maneira. Para esses países, o Congresso Nacional Africano (CNA) e a OLP (fundada em 1964 como uma entidade guarda-chuva de todos os grupos da resistência palestina) eram movimentos anticoloniais legítimos. Em 1975, esses países-membros conseguiram aprovar uma resolução na Assembleia Geral da ONU para declarar que o sionismo "é uma forma de racismo e de discriminação racial". Ela teve vigência até 1991, quando foi revogada por uma nova resolução, sugerida pelos Estados

Unidos. Isso era parte do front diplomático da estratégia da OLP para a libertação da Palestina, paralelo à luta armada.

A disposição da OLP para entrar em negociações angariou legitimidade para a organização em toda a Europa. Realizaram-se missões diplomáticas da OLP no mundo todo. Mas a organização não abriu mão da guerra de guerrilha, às vezes em prejuízo próprio. Uma de suas operações fracassadas foi o sequestro da delegação israelense nas Olimpíadas de Munique, em 1972, executado pelo Setembro Negro, grupo filiado à OLP. Onze israelenses morreram durante uma desastrosa tentativa de resgate empreendida pela polícia alemã. Israel retaliou assassinando líderes da OLP na Europa e no mundo árabe ao longo dos vinte anos seguintes, na chamada Operação Ira de Deus.

Seis anos depois, o Fatah sequestrou um ônibus que ia de Haifa a Tel Aviv e matou 35 reféns. Dessa vez, Israel respondeu ocupando o sul do Líbano, base da OLP desde 1970, a fim de destruir toda a infraestrutura da organização na área. Até 1970, o quartel-general da OLP e suas principais forças se concentravam nos campos de refugiados palestinos na Jordânia. No entanto, os governantes hachimitas se sentiam ameaçados pela OLP, bem como pelo fato de seus militantes usarem o território jordaniano como base para ataques em solo israelense. Em setembro de 1970, os jordanianos decidiram agir contra a presença da OLP e iniciaram uma impiedosa campanha militar contra a organização, que culminou na mudança do quartel-general da OLP para Beirute e o sul do Líbano. Nessa região, voluntários de diversas partes do mundo se juntaram aos treinamentos de guerrilha dos grupos palestinos. Em 1978, Israel não estava nada feliz com a experiência acumulada de oito anos de exercícios da guerrilha da OLP e lançou a Operação Litani, nome de um rio a trinta quilômetros da fronteira de Israel com o Líbano.

Israel ocupou o sul do Líbano até o Rio Litani e interveio diretamente na Guerra Civil Libanesa, que havia estourado em 1975. Milícias sunitas, grupos de esquerda, cristãos maronitas de direita, conhecidos como falangistas, e um grupo de militantes xiitas chamado Amal (antecessor do Hezbollah) lutavam pelo controle do país. A OLP e a Síria já haviam adotado uma posição. No arranjo de forças resultante, a OLP e os falangistas maronitas estavam em lados opostos. Quando Israel decidiu cruzar a fronteira libanesa, aliou-se às forças maronitas reunidas no Exército do Sul do Líbano, sob comando do major Haddad, com soldados recrutados nas comunidades maronitas e xiitas da região.

Na prática, o Exército do Sul do Líbano controlava essa parte do país em nome de Israel, substituindo a OLP como principal força armada local. Mas a OLP continuou a lutar, e em 1981 a fronteira entre Líbano e Israel voltou a se converter em campo de batalha. Contudo, por meio da mediação estadunidense, uma trégua foi acordada no início de 1982. Mas não durou muito. Em poucos meses, Israel violaria os termos do cessar-fogo.

## A GUERRA DE SHARON CONTRA OS PALESTINOS (1981-1982)

A retomada da guerra resultou das decisões do ambicioso novo ministro da Defesa, Ariel Sharon, indicado pelo governo direitista de Menachem Begin (1977-1983). Sharon tinha obsessão pela anexação da Cisjordânia e da Faixa de Gaza, oficial ou não. Não era seu primeiro enfrentamento com os palestinos: em 1953, como vimos, ele comandara a Unidade 101, que perpetrou o notório massacre de Qibya. Como comandante-geral da região sul de Israel, entre 1968 e 1970 ele havia conduzido uma impiedosa campanha de repressão contra os palestinos envolvidos na resistência em Gaza.

Embora sua carreira política tivesse ascendido em regiões normalmente dominadas pelo Partido Trabalhista, em 1977 ele ajudou Menachem Begin a fundar um significativo bloco de direita, o Likud, que defendia a criação do Grande Israel, isto é, a anexação da Cisjordânia e da Faixa de Gaza.

Sharon era um entusiasta da expansão dos assentamentos judaicos na Cisjordânia muito antes de se tornar ministro da Defesa. Quando assumiu a pasta, em 1981, substituiu o regime militar e impôs à Cisjordânia e à Faixa de Gaza uma administração civil, controlada por Israel – quase um governo israelense dos territórios ocupados. Assim, Israel dava mais um passo rumo à anexação. Na prática, essa mudança desgraçou ainda mais a vida dos palestinos, agregando o assédio da burocracia hostil à humilhação da opressão militar. Um palestino na Cisjordânia ou em Gaza não podia se deslocar, ter um emprego, ir à universidade ou ser atendido num hospital sem obter as permissões necessárias, concedidas pela administração civil.

Esses documentos eram examinados em postos de controle – mais um padecimento na existência diária dos palestinos, cotidianamente amedrontados, abusados e perseguidos pelos soldados israelenses. O serviço de segurança israelense passou a usar os postos de controle para chantagear os palestinos: ou tornavam-se informantes, ou tinham as permissões recusadas.

A liderança palestina local respondeu em 1978 por meio da fundação de um comitê nacional, o Lajnat al-Tawjih (em árabe, "comitê diretivo"). Esse comitê buscava meios não violentos de acabar com a ocupação, mas seus líderes foram presos pelo exército israelense e atacados por colonos judeus.

E isso não era o suficiente para Sharon. Inicialmente, ele tentou forjar uma liderança palestina alternativa, a chamada

"Liga das Aldeias", que seria leal a Israel, mas não obteve sucesso. Na época, a liderança palestina na Cisjordânia e na Faixa de Gaza permaneceu leal à OLP como única representante capaz de discutir uma solução de dois Estados e exigir o retorno dos refugiados.

Como vimos, o quartel-general da OLP era sediado no Líbano. Apesar da ocupação israelense do sul desse país em 1978, a organização ainda exercia forte influência política sobre os palestinos, onde quer que estivessem. Sharon acreditava que seu fracasso em fomentar uma liderança palestina alternativa se devia à influência da OLP.

O ministro da Defesa procurava um pretexto não só para destruir a OLP no Líbano mas também para instalar um governo pró-Israel no país. A oportunidade apareceu em 4 de junho de 1982, quando a Organização Abu Nidal, não filiada à OLP, tentou assassinar Shlomo Argov, embaixador israelense em Londres. Dois dias depois, Israel deflagrou a Operação Paz na Galileia, também conhecida como Primeira Guerra do Líbano. Foi um truque de Sharon para acabar com a resistência palestina. Mas não funcionou.

Os israelenses conseguiram ocupar boa parte do Líbano, inclusive a capital, Beirute. Tiveram auxílio dos falangistas, a milícia maronita de direita que ansiava pela ajuda de Sharon para conquistar mais poder no Líbano. E, com apoio de Israel, foi eleito um presidente maronita, Bashir Gemayel, que governou o Líbano por um breve período, com uma plataforma de paz com o Estado judaico. Essa aliança também permitiu aos falangistas massacrar milhares de palestinos em dois campos de refugiados, Sabra e Chatila, em setembro de 1982.

O exército israelense impôs um cerco a Beirute e bombardeou incessantemente a cidade. Sob a liderança de Yasser Arafat, a OLP se rendeu e concordou em mudar seu quartel-general para Túnis, na Tunísia. A organização deixou o Líbano em setembro de 1982. As tropas de Israel se retiraram de Beirute e recuaram para posições no sul do país.

Nesse momento, outra luta de resistência contra a ocupação israelense começou na região, conduzida por uma nova guerrilha xiita, o Hezbollah. Após uma longa guerra por meio de táticas guerrilheiras, o grupo forçaria o exército israelense a se retirar totalmente do Líbano em 2000.

O enfraquecimento da OLP após a transferência para Túnis afetou sua capacidade de continuar a luta pela libertação da Palestina. Numa tentativa de aproveitar ao máximo as circunstâncias desfavoráveis, a organização decidiu trabalhar mais estreitamente com a Jordânia – apesar da escassa confiabilidade da monarquia hachimita – e participar dos esforços de paz dos Estados Unidos. Mas em Israel não havia nenhuma disposição de chegar a um acordo sobre o futuro dos territórios ocupados, nem com a Jordânia, nem com a OLP.

# 12

# Entre duas Intifadas (1987-2000)

Em 1987, os habitantes dos territórios ocupados já estavam fartos de vinte anos de expulsões forçadas, prisões, detenções longas e inexplicáveis e abusos rotineiros. Muitos deles resolveram não esperar sentados que uma OLP debilitada conduzisse sua luta de libertação. Em dezembro daquele ano, a Primeira Intifada ("levante", em árabe) teve início depois que um caminhão israelense colidiu contra o carro de um civil em Gaza. Foi basicamente um movimento de protesto não violento, que conseguiu, por um breve período, assumir o controle de algumas aldeias e suas vizinhanças e administrá-las com base na solidariedade e na sustentabilidade. O exército israelense reagiu com força máxima. O então ministro da Defesa, Yitzhak Rabin, ficou famoso por mandar os soldados "quebrarem os ossos" dos manifestantes. Houve ampla solidariedade ao levante entre os palestinos no interior de Israel.

A Intifada continuou até 1993. Israel matou mais de mil palestinos, deteve milhares de pessoas sem o devido processo legal e executou medidas de punição coletiva: demolição de casas, toques de recolher, fechamento de escolas e expulsões.

A situação se complicou no início dos anos 1990, depois que o Iraque de Saddam Hussein invadiu o Kuwait. O presidente da OLP, Yasser Arafat, decidiu apoiar Saddam, enquanto a maior parte do mundo árabe condenou a invasão. Como consequência dessa decisão, a OLP ficou ainda mais isolada no cenário internacional. A organização também perdeu seu principal apoio entre as superpotências, do qual desfrutara por várias décadas: a União Soviética entrou em colapso, lançando Moscou numa crise interna.

Mas houve um aspecto positivo na Primeira Guerra do Golfo: os Estados Unidos reagiram à invasão do Kuwait formando uma aliança militar internacional para forçar o exército iraquiano a se retirar, e os países árabes concordaram em participar da coalizão com a condição de que os Estados Unidos convocassem uma conferência internacional para discutir a Questão Palestina.

Os palestinos se mostraram mais esperançosos com essa conferência do que em ocasiões anteriores, porque dessa vez seriam incluídos nas negociações. Desde o final dos anos 1980, antes da invasão do Kuwait, os Estados Unidos estavam dispostos a iniciar negociações diretas com a OLP em Túnis, sentindo que a organização e seu líder se inclinavam a participar de uma Pax Americana. Eles sabiam que Arafat estava preparado para reconhecer Israel e renunciar à luta armada – ou ao terrorismo, na visão dos Estados Unidos e de Israel. O que os estadunidenses não podiam prever era que nem mesmo esses passos dramáticos convenceriam os israelenses a suspender a colonização da Cisjordânia e da Grande Jerusalém. Israel também não desejava entrar em nenhuma negociação séria por uma solução de dois Estados. Com o Likud ou o Partido Trabalhista no poder, o governo israelense não tinha nenhuma intenção de abrir mão dos territórios conquistados nas guerras de 1948 e de 1967. O Estado judaico efetivamente tomara toda a Palestina histórica e removera milhões de palestinos de suas casas. Essa foi a principal realização de seus sucessivos governos.

## A CONFERÊNCIA DE MADRI (1991)

Assim, motivados pela atitude conciliatória da OLP, os Estados Unidos e a União Soviética (em seus últimos dias) convocaram uma conferência de paz para o final de outubro de 1991, em Madri, Espanha.

Os Estados Unidos forçaram Israel a participar dessa conferência; era um tipo de pressão característico de sua nova abordagem. Washington enfrentou o intransigente primeiro-ministro Yitzhak Shamir, que liderava um gabinete do Likud após a dissolução do governo de unidade (1984-1988). Israel só concordou em comparecer se a OLP não estivesse oficialmente presente. É preciso chamar a atenção para este absurdo: os israelenses só participariam se não precisassem negociar com os palestinos. Algumas concessões foram feitas para alcançar um compromisso. Duas delegações palestinas chegaram a Madri: uma vinda da Cisjordânia e da Faixa de Gaza, como parte da delegação oficial da Jordânia; a outra não tinha nenhum papel formal, vinha de Túnis e representava a OLP.

Os membros da primeira delegação se prepararam minuciosamente para a conferência. Eram liderados por pessoas como Haidar Abdul Shafi, da Faixa de Gaza; Faysal Husayni, de Jerusalém; e Hanan Ashrawi, de Ramallah. Por trás deles havia o trabalho árduo de equipes de especialistas palestinos (os *tawaqim*) na Casa do Oriente, em Jerusalém, que planejavam a infraestrutura de um Estado palestino independente na Cisjordânia e na Faixa de Gaza.

A Casa do Oriente pertencia aos Husayni, que, como vimos, era uma das mais importantes e notáveis famílias de Jerusalém. Depois da Guerra dos Seis Dias, em 1967, a Casa se tornou o quartel-general informal do movimento nacionalista palestino e com frequência foi alvo da repressão israelense. Em 1988, por exemplo, foi totalmente fechada. Mas a família Husayni continuou a apoiar o nacionalismo palestino e a reunir equipes de especialistas. Seus planos lançaram as bases políticas e sociais de uma genuína solução de dois Estados. Se naquela época os israelenses estivessem preparados para fazer concessões, a proposta talvez tivesse se desenvolvido como uma solução plausível.

Mas as proposições dos delegados palestinos foram totalmente rejeitadas pelos israelenses, apesar de terem causado boa impressão no Departamento de Estado dos Estados Unidos. E Israel não foi a única parte a rechaçar o trabalho das equipes palestinas sediadas em Jerusalém. A liderança da OLP em Túnis sentiu que estava perdendo o posto de principal representante política dos palestinos. Israel e a OLP, portanto, encontraram-se nos bastidores para conversações secretas. Assim, a Conferência de Paz de Madri terminou em completo fiasco, dominada por um paradigma de "resolução de conflito" que ignorava as causas efetivas da conflagração armada. Dessa forma, pode-se dizer que foi emblemática a decisão de postergar indefinidamente a discussão sobre dois elementos cruciais da discórdia: o status de Jerusalém e o direito de retorno dos refugiados.

## O PRIMEIRO ACORDO DE OSLO (1993)

Em 1992, o Partido Trabalhista voltou ao poder em Israel, sob a liderança de Yitzhak Rabin. A princípio, a Palestina não era uma prioridade para Rabin; ele estava mais interessado na paz com a Síria. Achava que um armistício com Damasco poderia abrir caminho para um acordo com os palestinos.

Seu eterno rival, Shimon Peres, ministro das Relações Exteriores, preferiu tentar primeiro o caminho palestino, com a ajuda de seu assessor Yossi Beilin. Eles avaliavam corretamente que a OLP em Túnis não tinha a mesma força da liderança palestina sediada na Casa do Oriente, e estava muito mais disposta a fazer concessões. Peres começou, então, a negociar diretamente com a organização em Túnis, sem o consentimento do primeiro-ministro.

Os trabalhistas israelenses, assim como a OLP, tinham uma boa relação com o Partido Trabalhista da Noruega e os sindicatos noruegueses. Assim, a Fafo, uma instituição sem fins lucrativos ligada à Confederação dos Sindicatos da Noruega, foi uma escolha natural para fazer a mediação.

O histórico e a filosofia da Fafo se adequavam muito bem aos propósitos de Israel. Baseavam-se nas teorias dominantes do gerenciamento de conflitos nas ciências sociais do Ocidente. Em outras palavras, a Fafo via os conflitos em termos de desequilíbrios de poder para descobrir qual era o lado mais forte. Evidentemente, no conflito Israel-Palestina, esse lado é Israel. O papel do mediador é obter a melhor oferta da parte mais forte e então pressionar o lado mais fraco a aceitá-la. Numa estrutura como essa, as exigências da parte mais fraca não são muito relevantes. Seu papel é simplesmente aceitar qualquer migalha concedida pela parte mais forte. O pressuposto subjacente a essas "negociações" é de que o que está sendo oferecido constitui uma melhoria suficiente na realidade presente, e a parte mais fraca vai se dispor a aceitar, mesmo que esteja muito aquém do que realmente deseja.

Em suma, essa foi a estrutura que orientou o Acordo Oslo I, assinado em 13 de setembro de 1993, no gramado da Casa Branca. Uma OLP enfraquecida (agora órfã da União Soviética, que se desintegrava; condenada por alguns países árabes devido ao apoio de Arafat à invasão iraquiana do Kuwait; e ciente da ascensão de uma liderança palestina alternativa nos territórios ocupados) concordou, no papel, em aceitar os ditames israelenses.

Israel se dispôs a abrir mão do controle direto de cerca de 40% da Cisjordânia e a permitir a criação de uma nova entidade estatal, a Autoridade Palestina (AP), que ficaria encarregada dos assuntos internos dos palestinos. Mas a Autoridade Palestina precisaria colaborar com o exército israelense e seus serviços secretos no monitoramento e na supressão de qualquer resistência à ocupação. A antiga OLP se metamorfoseou na nova AP, e o líder da OLP, ainda Yasser Arafat, tornou-se seu presidente. O Acordo Oslo I também criou uma nova instituição, o Conselho Legislativo Palestino, que seria o Parlamento da AP e funcionaria paralelamente ao Conselho Nacional Palestino – o principal braço executivo da OLP. A duplicidade da OLP, que agiu pelas costas da maior parte da resistência, atrasou o desenvolvimento de uma estratégia palestina clara e unificada. Algumas das principais figuras e organizações que integravam a OLP rejeitaram o Acordo Oslo I e se recusaram a participar da AP. Curiosamente, os grupos esquerdistas resolveram participar. Esse foi um ponto de inflexão para a resistência palestina, até então dominada por uma liderança em grande medida secular e esquerdista. Grupos islâmicos como o Hamas e o Jihad Islâmico Palestino não entraram na AP e se negaram a submeter-se aos preceitos da OLP. Também não aceitaram o Acordo Oslo I. Assim, o movimento palestino ficou claramente rachado.

Hoje, evidentemente, para muitos ocidentais, o Hamas é praticamente sinônimo da resistência palestina. Examinemos as origens desse grupo para compreender como ele adquiriu tamanha proeminência.

Hamas é um acrônimo em árabe para Movimento de Resistência Islâmica (Harakat al-Muqawama al-Islamiya). Originou-se do setor palestino da Irmandade Muçulmana, fundada no Egito em 1928. A Irmandade Muçulmana emergiu como uma reação a dois desdobramentos relevantes do período entreguerras: a sensação de que as potências ocidentais continuavam a exercer excessiva influência cultural e econômica, e o fracasso dos movimentos nacionalistas seculares em prover independência genuína e enfrentar problemas arraigados como a pobreza, o desemprego e a precariedade das moradias. Hassan al-Banna, um carismático professor, convenceu os trabalhadores de que a melhor maneira de lidar com essas questões era promover um reflorescimento islâmico. No Egito, a Irmandade a princípio se concentrou em serviços sociais como educação e saúde. Mas, para muitos de seus membros, isso se transformou na visão política de um Estado muçulmano que implementaria a Sharia, a lei islâmica. Tal visão se contrapunha aos modelos ocidentais de Estado, que pareciam gerar muitos famintos e desempregados.

A Irmandade Muçulmana na Faixa de Gaza também abarcava estas duas tendências: aqueles que buscavam solidariedade na devoção e aqueles que acreditavam que a libertação da Palestina só poderia ser conquistada em termos islâmicos.

Depois da ocupação judaica de Gaza e da Cisjordânia, as autoridades israelenses adotaram uma atitude positiva em relação à Irmandade Muçulmana. Pensavam que ela poderia rachar a resistência palestina e assim enfraquecer o movimento secular Fatah, que tentava ativamente libertar os territórios ocupados e a Palestina em geral. Portanto, Israel permitiu que a Irmandade ganhasse influência na Faixa.

Em dezembro de 1987, pouco depois da eclosão da Primeira Intifada, a Irmandade Muçulmana decidiu formar um braço armado, que hoje em dia todos conhecemos como Hamas. Seu líder, o xeique Ahmed Yassin, propunha abertamente a fundação de um Estado muçulmano na Palestina e a guerra contra Israel – princípios que aparecem no documento de fundação do Hamas, em 1988. No entanto, para os israelenses, o Hamas ainda era um contrapeso útil contra as forças seculares e de esquerda da resistência palestina. O histórico de apoios camuflados de Israel hoje contrasta brutalmente com as histriônicas declarações de que o Hamas não é melhor que o Estado Islâmico.

O Jihad Islâmico Palestino também nasceu da Irmandade Muçulmana, mas surgiu alguns anos antes, em 1981, sob a inspiração da Revolução Islâmica no Irã (1979). O grupo continua intimamente associado à República Islâmica do Irã.

Hamas e Jihad Islâmico tinham um braço político e uma força militar, e são considerados organizações terroristas por muitos países ocidentais. Contudo, apesar da reprovação do Ocidente, ambos continuam sendo parte essencial do movimento palestino de libertação anticolonial.

## OSLO II: UM NOVO TIPO DE OCUPAÇÃO

Em setembro de 1995, os vagos princípios do Acordo Oslo I foram traduzidos no texto mais detalhado do Acordo Oslo II. O documento foi assinado numa cerimônia em Taba, perto da fronteira entre Israel e Egito, transmitida ao vivo para os milhões de espectadores interessados. E assim multidões puderam assistir ao momento em que Arafat literalmente foi empurrado pelo presidente egípcio para assinar o acordo. Arafat tinha bons motivos para estar hesitante.

Embora se recusassem a selar um compromisso explícito, os israelenses admitiam que a área a ser governada autonomamente pelos palestinos poderia vir a se tornar um Estado. Mas ficou claro que, qualquer que fosse sua forma, esse Estado não funcionaria sem a cooperação e o controle abrangente de Israel. A área alocada para os palestinos no Acordo Oslo II foi definida como Área A. Incluía as partes mais densamente povoadas da Cisjordânia, que constituíam menos de 18% desse território.

Duas outras áreas foram definidas por Oslo II: a Área B, onde Israel e Autoridade Palestina compartilhariam formalmente o poder, apesar de o primeiro evidentemente ser o governante efetivo; e a Área C, onde ficava a maior parte dos assentamentos judeus israelenses, a ser administrada por Israel. O acesso dos palestinos à Área C seria restrito. Continuava a indefinição sobre a Faixa de Gaza, mas sua administração seria semelhante à da Área B.

Ramallah foi oferecida aos palestinos como capital, e não se discutiu realmente o problema dos refugiados. Como recompensa pelo "bom comportamento" dos palestinos, Israel fez promessas vazias de negociar futuramente o status de Jerusalém e os assentamentos judaicos.

Inicialmente, ao menos na perspectiva da OLP, tudo isso parecia bom. Seus líderes, inclusive Arafat, puderam voltar à Palestina e estabelecer instituições que seriam a base para um futuro Estado palestino. Também era possível que alguns deles, inclusive Arafat, almejassem continuar a luta pela libertação de dentro do território.

Até novembro de 1995, a liderança palestina e muitos palestinos comuns aceitaram Oslo II como um bom começo – que poderia ser melhorado posteriormente. Mas os acontecimentos demonstraram que não haveria nenhuma outra concessão aos palestinos. Por fim, Oslo II produziu uma realidade muito pior do que a anterior nos territórios ocupados.

As questões não resolvidas a respeito dos assentamentos levaram os colonos judeus a reagir com uma violência sem precedentes. As facções da resistência palestina, totalmente contrárias aos Acordos de Oslo, revidaram atacando alvos civis israelenses, como ônibus e shopping centers. Em resposta, o exército israelense castigou coletivamente a população palestina. Oslo parecia ter desencadeado novos ciclos de violência – não promovera paz alguma.

Além disso, a direita israelense se opôs ardorosamente aos Acordos de Oslo e não queria fazer nenhum tipo de concessão aos palestinos. Em novembro de 1995, apenas dois meses após a assinatura de Oslo II, o primeiro-ministro Yitzhak Rabin foi assassinado. Depois disso, toda a política israelense se deslocou rapidamente para a direita.

O sucessor natural de Rabin no Partido Trabalhista, Shimon Peres, não conseguiu vencer as eleições seguintes. Nem mesmo o brutal ataque terrorista contra o primeiro-ministro, cometido por um judeu de extrema direita, foi capaz de impedir que Israel fizesse essa guinada à direita.

Assim, Benjamin Netanyahu, o líder do Likud, venceu o pleito e se tornou chefe do governo de Israel. Seria a primeira de suas muitas vitórias eleitorais. Netanyahu jurou honrar os Acordos de Oslo, mas na prática seu governo de direita implementou medidas cada vez mais repressivas contra os palestinos. Centenas de postos de controle foram construídos entre as áreas A, B e C, entre o norte e o sul da Faixa de Gaza e entre os territórios ocupados e Israel.

Como vimos, esses postos de controle eram lugares de degradação cotidiana para os palestinos. As forças israelenses não tinham escrúpulos em violar flagrantemente direitos básicos, nem em maltratar civis sem qualquer justificativa. Em momentos de acirramento das tensões, as organizações de direitos humanos relatavam casos de mães que deram à luz perto de postos de controle, impedidas de chegar ao hospital, e de pacientes que morreram pelo mesmo motivo. A vida normal se tornou impossível: ir à escola ou ao trabalho, ou voltar para jantar em casa – tudo dependia dos caprichos dos soldados do posto de controle. Em 1996, o governo Netanyahu construiu cercas de arame farpado em torno da Faixa de Gaza. Hoje a região parece mais uma prisão do que qualquer outra coisa.

Além disso, o novo governo do Likud intensificou a judaização da Grande Jerusalém, permitindo que colonos judeus expropriassem abertamente os palestinos. O governo inventou pretextos para forçar os palestinos de Jerusalém a se mudarem para a Cisjordânia e designaram alguns bairros da cidade, que originalmente não faziam parte da Área C, como "aldeias da Cisjordânia", tornando-as assim parte da Área C.

Qualquer resistência era enfrentada com brutais punições coletivas. No início do mandato de Netanyahu, depois que Israel construiu túneis ao longo do Muro das Lamentações, em Jerusalém, protestos massivos ocorreram na Cisjordânia e na Faixa de Gaza. Durante as manifestações, 59 palestinos foram assassinados. Os Estados Unidos, percebendo que a situação atingia um ponto crítico, decidiram retomar o "processo de paz". Em 1998, tentaram reconciliar Netanyahu e Arafat.

Naquele mesmo ano, em Maryland, Arafat e Netanyahu assinaram o Memorando de Wye River – um acordo jamais implementado. Era inteiramente descolado da realidade. Previa que, em troca de mover uma pequena parte da Área C e uma parte ainda menor da Área B para a Área A, os palestinos desistissem de qualquer resistência à ocupação. Para Israel, já era generosidade demais. A Área C, sob seu controle direto, na época abrangia mais de 70% da Cisjordânia. Até hoje é assim.

Um acordo mais limitado sobre o futuro de Hebron, a capital econômica da Cisjordânia, também foi assinado mas não implementado. Para entender por que Hebron era tão disputada, precisamos reexaminar as duas ideologias rivais que guiavam a colonização judaica da Cisjordânia, especialmente a dos sionistas messiânicos do Gush Emunim.

Como vimos, havia dois mapas para a colonização judaica da Cisjordânia. Um deles, desenhado pelo Partido Trabalhista, evitava a instalação de assentamentos em áreas palestinas densamente povoadas, enquanto o outro, preparado pelo Gush Emunim, visava justamente colonizar essas áreas mais populosas, por serem locais significativos no Antigo Testamento. Em Hebron, esses mapas se sobrepunham. Perto da cidade, o governo trabalhista construiu uma nova povoação, Kiryat Arba, que abrigava muitos discípulos do rabino Meir Kahane, um judeu estadunidense que ganhara popularidade com sua proposta de expulsar todos os palestinos de Israel e dos territórios ocupados. Um grupo messiânico se instalou na Cidade Velha de Hebron. Com a ajuda de fanáticos de Kiryat Arba, eles expandiram sua presença até o coração de Hebron. Ocuparam novos bairros por meio de uma tática aberta de agressão e violência, enquanto o exército fazia vista grossa. Isso provocou uma desarabização quase total da Cidade Velha de Hebron. Apenas um pequeno grupo de corajosos palestinos permaneceu, sujeito a constantes abusos por parte dos colonos. A comunidade internacional se inquietou com a rápida deterioração da situação na cidade e tentou negociar um novo acordo.

Em janeiro de 1997, a ONU fez Israel e Autoridade Palestina assinarem um Protocolo sobre a Redistribuição em Hebron. Mas esse acordo nunca foi ratificado. Ele dividia Hebron em dois setores: H1, a área palestina, que cobria 80% da cidade, e H2, a parte judaica. No entanto, também havia palestinos em H2. O acordo definia que uma força internacional não militar seria enviada para monitorar a situação e proteger os habitantes locais. Essa força só operou por um breve período; Israel logo a obrigou a se retirar de Hebron. Os palestinos ficaram indefesos, à mercê de uma campanha organizada de intimidação e assédio que continua até hoje. A Cidade Velha parece uma zona de guerra abandonada.

O que a recém-criada Autoridade Palestina fazia nessa época? Teoricamente, possuía uma força policial armada, mas nunca conseguiu intervir eficazmente na situação. A AP tentava se converter num governo efetivo, realizando eleições de tempos em tempos e estabelecendo instituições estatais genuínas. Mas os distúrbios em Hebron e em outras regiões desnudaram sua impotência. O governo da AP nunca foi totalmente democrático nem imune a escandalosos casos de corrupção. Assim, o futuro dos palestinos passou a depender de Israel. E de sua própria capacidade de resistir às brutais políticas do Estado judaico.

Em 1999, Benjamin Netanyahu não foi reeleito para seu segundo mandato como primeiro-ministro. O Partido Trabalhista, sob a liderança de Ehud Barak, voltaria ao poder.

# 13

# A Segunda Intifada (2000-2005)

Quando Ehud Barak assumiu o cargo de primeiro-ministro, tudo que desejava era levar os Acordos de Oslo a uma conclusão bem-sucedida. Ele teve sorte: Bill Clinton, o extrovertido presidente dos Estados Unidos, queria desesperadamente ser lembrado por algo que não fosse o escândalo das relações sexuais que manteve com sua estagiária Monica Lewinsky. Sob pressão de Clinton e Barak, no verão de 2000 Yasser Arafat foi forçado a participar de uma cúpula em Camp David, casa de campo do presidente dos Estados Unidos. Foi uma reunião muito estranha. Após sete anos de tentativas infrutíferas de traduzir os Acordos de Oslo numa paz efetiva, Clinton e Barak queriam resolver toda a questão em apenas duas semanas. Ambos precisavam aumentar a popularidade em seus respectivos países. Arafat sabia que, caso se recusasse a participar, seria tachado de radical.

Nesse encontro, Arafat tentou desviar do desejo dos Estados Unidos e de Israel de conferir um caráter definitivo ao acordo. Ele sugeriu que o documento fosse provisório, e que voltaria para a Palestina com boas notícias: haveria menos assentamentos e postos de controle, e mais abertura do lado israelense para negociar, no futuro, questões espinhosas como Jerusalém, o direito de retorno dos refugiados e a formação do Estado palestino. Barak e Clinton não gostaram da ideia. Arafat precisava aceitar o acordo como definitivo. Ou seja, foi constrangido a concordar que não haveria Estado palestino efetivo, nenhuma mudança no status de Jerusalém, tampouco solução real para o problema dos refugiados. Como um dos negociadores palestinos diria em retrospecto, “a maior distorção é que Barak não ofereceu nada”. Arafat se recusou a assinar o documento. Como previra, foi imediatamente acusado de ser um militante radical.

Poucas semanas depois do retorno de Arafat à Palestina, o líder da oposição israelense, Ariel Sharon, fez uma visita provocativa ao Haram al-Sharif, local sagrado para os muçulmanos, sabendo muito bem que isso incitaria tumultos. Palestinos contrariados atiraram pedras em Sharon enquanto ele descia o monte. Ele então jogou lenha na fogueira, declarando: "O Monte do Templo ainda está em nossas mãos". As frágeis esperanças de que um dia os Acordos de Oslo trariam justiça à Palestina e as deliberadas provocações de Sharon foram as centelhas da Segunda Intifada.

Diferentemente da Primeira Intifada, este foi um levante muito mais militarizado, espalhando-se até Israel. Treze manifestantes palestinos foram mortos pelo exército e pela polícia israelenses. Os grupos islâmicos de resistência lançaram uma renovada campanha de atentados suicidas. O mais mortífero foi perpetrado pelo Hamas em março de 2002: a explosão do Hotel Park, em Netanya, cidade ao norte de Tel Aviv, durante as celebrações judaicas do Pessach.[12] Trinta pessoas morreram e mais de 140 ficaram feridas.

Israel respondeu com a Operação Escudo Defensivo, em que efetivamente reocupou a Cisjordânia e partes da Faixa de Gaza. Essa operação foi muito mais cruel do que o regime usual de punições coletivas aplicado até então. Alguns jornalistas israelenses bem relacionados alegam que essa brutalidade serviu para compensar a humilhante retirada de Israel do Líbano, expulso pelo Hezbollah no verão de 2000.

Israel mobilizou a Força Aérea para bombardear cidades, massacrou pessoas nos campos de refugiados de Jenin e impôs um cerco a Arafat e seu gabinete no complexo conhecido como Mukataa, a antiga sede do governo militar em Ramallah. Essa

**12** Também conhecida como Festa da Libertação, a data celebra a libertação dos judeus da escravidão no Egito, conforme narrada no Antigo Testamento. [N.E.]

campanha de repressão foi sustentada durante anos. Uma ligeira distensão só ocorreu quando Arafat adoeceu gravemente e faleceu, em novembro de 2004 – e existem fortes suspeitas de que ele tenha sido envenenado pelos israelenses.

Arafat foi substituído por Mahmud Abbas, que era seu assessor. Abbas conhecia bem o tratamento dado por Israel a seu predecessor e adotou uma abordagem mais cautelosa. Fortaleceu a coordenação da Autoridade Palestina com os serviços de segurança israelenses e abandonou totalmente a luta armada como forma de resistência à ocupação.

A princípio, isso deu bons resultados. Financiamentos internacionais voltaram a custear projetos de reconstrução, educação e bem-estar, transferidos diretamente aos ministérios da AP ou doados a ONGs locais, contanto que não contrariassem a nova abordagem. A AP permitiu que ONGs que criticavam suas políticas continuassem a operar – afinal, queria parecer respeitável aos olhos do Ocidente. Mas foi cruel na repressão a ativistas políticos, especialmente do Hamas e do Jihad Islâmico Palestino, que não apenas se opunham à AP mas insistiam na guerra de guerrilha contra a ocupação.

# 14

# Israel e Palestina no século XXI

Quando a violência diminuiu, dois processos se desenrolaram simultaneamente. Israel avançou na consolidação de seu controle sobre toda a Palestina histórica (Cisjordânia, Faixa de Gaza e Israel). Nesse ínterim, sem sucesso, os Estados Unidos tentaram insuflar um sopro de vida no "processo de paz", que já se tornara uma piada de mau gosto.

## A CONSTRUÇÃO DO REGIME DE APARTHEID

Nos anos que se seguiram à Segunda Intifada, Israel intensificou a judaização da Cisjordânia e da área de Jerusalém. O governo também restringiu os direitos dos cidadãos palestinos de Israel. O Knesset, o Parlamento israelense, aprovou um novo conjunto de leis, como a infame Lei da Nacionalidade e da Entrada em Israel, de 2003, que impedia os habitantes da Cisjordânia e de Gaza de obterem cidadania automática ou permissões de residência por meio do casamento com cidadãos israelenses, significando que os cidadãos palestinos de Israel não poderiam mais estar junto de seus cônjuges. Esse pacote legislativo culminaria na Lei Básica de Israel como Estado-Nação do Povo Judeu, de 2018, que rebaixou o árabe, até então uma das línguas oficiais do Estado, à condição de língua meramente protegida com "status especial"; reivindicou Jerusalém como capital do país; e promoveu a expansão dos assentamentos. A lei dava prioridade a judeus emigrados na concessão de direitos de cidadania.

O caminho para a lei de 2018 foi pavimentado por muitas legislações discriminatórias. Em 2011, o Knesset aprovou a Lei da Nakba: qualquer instituição oficial que fizesse memória da Nakba perderia o financiamento governamental e o status de proteção. Outras normas garantiram às cidades e áreas residenciais judaicas o direito de não permitir a entrada de cidadãos palestinos de Israel. No final do século XX, 97% das terras eram propriedade direta ou indireta de instituições judaicas como o Fundo Nacional Judaico, que sozinho possui 13% do território israelense. O documento inaugural do Fundo proíbe transações fundiárias com não judeus. Muitas instituições possuem políticas semelhantes, oficial ou informalmente. Desse modo, os palestinos, que constituem mais de 20% da população do Estado de Israel, geralmente são impedidos de comprar terras. Portanto, não conseguem desenvolver as cidades e aldeias existentes nem construir novas povoações, enquanto a expansão dos assentamentos judaicos segue inabalável.

No Naqab, uma área desértica no sul de Israel também conhecida como Neguev, os beduínos, historicamente nômades, também enfrentaram uma judaização agressiva. Depois da fundação do Estado de Israel, eles foram empurrados para uma área chamada Siyag (literalmente, "cerca"), e a Lei de Proteção à Vegetação de 1950 criminalizou a agricultura e a pecuária na região, ou seja, proibiu suas principais atividades. Ao longo do século XX, os beduínos foram forçados a migrar para as cidades, e o governo israelense se recusou a reconhecer suas reivindicações fundiárias. Em resposta, eles construíram suas próprias povoações sem autorização do Estado, as chamadas "aldeias não reconhecidas". Israel fez da demolição dessas aldeias uma política oficial – como deixou bastante claro o Plano Prawer, de 2011, que previa a realocação de quarenta mil a setenta mil beduínos. Os beduínos demonstram notável resistência a esses desafios: a aldeia de Araqib foi destruída mais de quarenta vezes, e seus moradores sempre a reconstruíram.

A judaização não é, portanto, uma política de anexação de territórios e construção de assentamentos válida apenas na Cisjordânia e em Jerusalém; ela abrange todo o território de Israel. Em 2000, os palestinos constituíam aproximadamente metade da população entre o Rio Jordão e o Mar Mediterrâneo. Ao longo de décadas, eles foram expulsos, confinados em guetos e deliberadamente privados de direitos básicos. A judaização requer a perpétua subordinação dos palestinos, independentemente de seu endereço na Palestina histórica.

Enquanto Israel construía estruturas legais cada vez mais discriminatórias, o Ocidente fazia gestos inúteis na direção de um processo de paz falacioso. A Liga Árabe estava disposta a negociar: em 2002, propôs a Iniciativa Árabe de Paz, segundo a qual o reconhecimento de Israel por todos os países árabes proveria uma genuína solução de dois Estados com base nas fronteiras anteriores à guerra de 1967. Fazendo uma impressionante concessão, o documento final não mencionava o direito de retorno dos refugiados. Mesmo assim, Israel rejeitou totalmente o plano, com apoio dos Estados Unidos.

O bastão foi passado para uma entidade totalmente diferente, o Quarteto, cujos membros se tornaram mediadores das negociações após o fiasco da Conferência de Madri, em 1991. Composto de representantes dos Estados Unidos, da ONU, da União Europeia e da Rússia, o Quarteto reduziu dramaticamente suas ambições. A entidade considerava que o principal obstáculo para a paz era a resistência palestina, e não o expansionismo de Israel. Previsivelmente, essa abordagem não ganhou muita tração. Insensível, o Quarteto tentou propor outro acordo: a AP colaboraria com a repressão à resistência palestina em troca do congelamento dos assentamentos judaicos nos territórios ocupados e do fim das punições coletivas contra os palestinos. Essa ideia também fracassou.

Tais tentativas se intensificaram após a morte de Arafat, em novembro de 2004. O novo presidente da Autoridade Palestina, Mahmud Abbas, não quis convocar eleições gerais, talvez com receio de perder seu frágil controle do poder. A legitimidade da AP começou a definhar, enquanto os movimentos islâmicos ganhavam popularidade graças a seu compromisso com a resistência armada contra a ocupação.

O Hamas, particularmente, mostrou desempenho extraordinário nas eleições locais. Ficou claro que, se houvesse eleições para o Parlamento palestino, o grupo emergiria como um dos maiores partidos. Em Israel, a polarização política também se acirrava. Desde 2001, o cenário era dominado por Ariel Sharon, que saíra do Likud para fundar um partido ainda mais extremista: o Kadima.

## A RETIRADA ISRAELENSE DA FAIXA DE GAZA (2005)

Como primeiro-ministro, Sharon quis romper esse impasse inquietante. Ele tinha uma nova proposta na manga. Para surpresa geral, em 2003, determinou a remoção de todos os colonos judeus da Faixa de Gaza, cerca de oito mil pessoas, e renunciou a qualquer responsabilidade pela administração de Gaza. Em junho de 2004, o governo israelense executou essa proposta, o que ocasionou enfrentamentos violentos na região.

Os colonos reagiram com unhas e dentes para não ser obrigados a abandonar suas casas. Sharon, responsável por múltiplos massacres de palestinos, foi transformado num improvável herói do processo de paz. Mas a retirada de Gaza não foi pensada para beneficiar os palestinos; foi uma medida inteiramente em prol de Israel. Ao sair de Gaza, Sharon esperava "provar" a impossibilidade de uma retirada da Cisjordânia: seria traumática demais. A persistente resistência do Hamas havia transformado os colonos judeus em Gaza num problema para Sharon. Segundo o premiê, Gaza poderia se tornar uma prisão para conter o Hamas, que Israel poderia atacar de longe, sem arriscar a vida de seus cidadãos.

Em setembro de 2005, a retirada se completou. A maioria dos especialistas em direito internacional sublinhava que não se podia confundir esse gesto com o fim da ocupação. Conforme uma nova realidade se instalava no território, ficou evidente que um novo modelo de ocupação estava em desenvolvimento.

Israel deixou um vácuo de poder na Faixa de Gaza, e a AP foi lenta demais para preenchê-lo. O Hamas estava em melhor posição para controlar o território. Para tentar impedir o grupo islâmico de tomar o poder, o Quarteto pressionou a AP a realizar eleições para o Parlamento dos territórios ocupados, a fim de formar um novo governo. Era óbvio que Mahmud Abbas não tinha rival na disputa pela presidência.

As eleições aconteceram em 2006, e o Hamas obteve 44% dos votos. De acordo com a legislação da AP, a obtenção da maioria do Conselho Nacional Palestino permitia a formação de um governo. E foi exatamente isso o que o Hamas fez, sob a liderança de Ismail Haniyeh, um de seus líderes políticos. No entanto, pressionados por Israel e pelos Estados Unidos, os outros partidos se recusaram a reconhecer o novo gabinete. Israel prendeu muitos membros do Hamas eleitos para o Conselho Legislativo, seus principais ativistas. O grupo retaliou sequestrando um soldado israelense, Gilad Shalit, mantido em cativeiro por mais de cinco anos. Ao perceber que o Ocidente e Israel jamais tolerariam um governo do Hamas, seus militantes decidiram assumir à força o controle da Faixa de Gaza, deflagrando uma guerra sangrenta contra o Fatah. Essa é uma mácula na história do movimento de libertação da Palestina. Tentativas de reconciliação aconteceram posteriormente, mas fracassaram. Precisamos entender a evolução atual do Hamas nesse contexto: quando seus membros participaram de eleições democráticas e as venceram, Estados supostamente democráticos rejeitaram o resultado. Isso só fez suscitar mais radicalização. Em resposta, Israel colocou toda a Faixa de Gaza sob um cerco rigoroso, privando seus habitantes de itens essenciais e frequentemente limitando o acesso a água e eletricidade.

## A ÚLTIMA TENTATIVA DE PAZ (2006-2009)

Em 2006, enquanto se desenrolavam esses acontecimentos, um novo conflito eclodiu na fronteira de Israel com o Líbano. O Hezbollah sequestrou três soldados israelenses que, segundo a guerrilha xiita, estavam em território libanês. Israel respondeu com uma nova invasão do Líbano – começava mais uma guerra. Os bombardeios israelenses arrasaram milhares de edificações e devastaram o sul de Beirute. O Hezbollah conseguiu romper as defesas inimigas e causou estragos com foguetes lançados contra o norte de Israel. A guerra terminou depois de 34 dias, quando o Conselho de Segurança da ONU emitiu a Resolução 1.701. Israel prometeu desocupar o sul do Líbano, que invadira com tropas terrestres, e o Hezbollah concordou em se retirar para a margem norte do Rio Litani, a cerca de trinta quilômetros da fronteira israelense. Nenhum dos lados manteve a palavra. A força especial da ONU encarregada de supervisionar a implementação do acordo foi impotente para aplicar os termos da resolução.

No entanto, entre o final de 2006 e o final de 2008, ainda havia esperança de um futuro diferente. Foram os dois últimos anos do governo de Ehud Olmert, que assumiu o poder depois que Sharon sofrera um derrame, em janeiro de 2006.

Numa distensão da tradicional intransigência de Israel, Olmert estava disposto a aceitar o programa da Liga Árabe como base para as negociações. No entanto, jamais abriria mão dos grandes blocos de assentamentos judaicos na Cisjordânia, embora oferecesse compensações territoriais no deserto da Judeia, ao sul de Hebron. Talvez houvesse algum potencial de sucesso, mas um grande obstáculo fechava esse caminho. Assim como Sharon e todos os seus antecessores, e por mais progressista que fosse, Olmert era incapaz de contemplar a existência de um Estado palestino genuinamente independente e soberano ao lado de Israel. Pretendia formar um Estado fantoche, incapaz de se converter num vizinho hostil.

Jamais saberemos se algum resultado poderia ter sido alcançado se Olmert persistisse. Em 2008, ele renunciou, envolvido em acusações de corrupção e suborno, pelas quais acabaria na prisão. Seu sucessor foi Benjamin Netanyahu, que levou o Likud de volta ao poder. O programa de Netanyahu era a expansão unilateral da judaização da Cisjordânia, o fechamento do cerco aos palestinos em Gaza e a consolidação do regime de apartheid contra os cidadãos palestinos.

## A ERA NETANYAHU (2009-2024)

Quando Barack Obama venceu as eleições presidenciais nos Estados Unidos, em 2008, renovou-se a esperança na retomada do processo de paz. Obama seguiu a conhecida fórmula segundo a qual o papel de Washington é impor aos palestinos o máximo que Israel estiver disposto a conceder. A cada tentativa, Israel fazia menos concessões, aparentemente para dar uma lição aos palestinos. Os israelenses queriam "puni-los" por rejeitarem sua "generosidade". Duas rodadas de conversações com o governo Obama, em 2010 e 2012, não deram em nada, e o impasse diplomático permitiu a Israel expandir os assentamentos e oprimir ainda mais os palestinos. Na Cisjordânia, os colonos "justiceiros" ficaram mais agressivos: incendiaram casas e campos, arrancaram árvores e eventualmente feriram e mataram palestinos. E o exército israelense nada fez para proteger os civis palestinos.

Ao mesmo tempo, o governo Netanyahu intensificou seus esforços para judaizar Jerusalém Oriental. Com a ávida assistência de ONGs de colonos – financiadas por estadunidenses de direita, tanto judeus como cristãos – o governo começou a limpeza étnica de bairros de Jerusalém Oriental como Sheikh Jarrah e Silwan. Até outubro de 2023, esse era o modelo da remoção de palestinos da Palestina histórica. A limpeza seria gradual e em pequena escala, visando mais bairros do que cidades inteiras. E não pararia um dia sequer.

Mas a posição política de Netanyahu foi abalada entre 2018 e 2020, e diversas eleições foram convocadas antecipadamente. Em março de 2021, ele perdeu o pleito legislativo para uma exótica coalizão entre os principais partidos, a agremiação islâmica Ra'am e um partido de colonos relativamente moderado. Não surpreende que a coalizão não tenha sobrevivido por muito tempo. Em maio de 2021, ainda sob o governo de coalizão, os palestinos se uniram para protestar durante onze dias em toda a Palestina histórica contra o cerco de Gaza, a ocupação da Cisjordânia e o apartheid em Israel. Eles não tiveram nenhuma chance. Na retaliação subsequente, Israel assassinou 260 palestinos.

Netanyahu voltou ao poder depois de vencer as eleições de novembro de 2022. Dessa vez, ele precisou da extrema direita para formar governo. Dois partidos radicais, o Otzma Yehudit (Poder Judaico) e o Ha-Ziyonut Hadait [também conhecido como Mafdal-RZ] (Sionismo Religioso), juntaram-se ao gabinete e seus líderes ocuparam cargos ministeriais relevantes: Itamar Ben-Gvir assumiu o Ministério da Segurança Nacional e Bezalel Smotrich, o Ministério das Finanças. Eles e outros ministros eram oriundos do movimento messiânico de colonos que judaizou a Cisjordânia a partir de 1967. Esse movimento formou uma nova geração de judeus racistas e supremacistas, que não apenas desejam expulsar os palestinos da Cisjordânia como também visam impor um apartheid ainda mais rígido aos cidadãos palestinos em Israel. O próprio Ben-Gvir foi condenado por incitação ao racismo em 2007. Para ele, Israel deveria ser um Estado teocrático.

Um dos primeiros movimentos do novo governo foi tentar politizar o que restava da relativa independência no sistema judicial israelense. Devemos notar que a mais alta autoridade judiciária do país, a Suprema Corte, não impediu a colonização da Cisjordânia, uma violação ao direito internacional, e tem constantemente defendido a constitucionalidade da legislação discriminatória contra cidadãos palestinos, por mais que essa legislação tenha sido contestada reiteradas vezes.

Para os judeus seculares de Israel, contudo, a Suprema Corte era a última linha de defesa contra a teocratização do Estado: se não se incomodavam com a opressão aos palestinos, certamente ficaram preocupados com as potenciais repercussões para as comunidades LGBTQ e outras minorias e para a vida laica e livre em cidades como Tel Aviv – que, apesar da proibição religiosa do consumo de mariscos e crustáceos, por exemplo, ostenta uma próspera indústria de restaurantes especializados em frutos do mar.

Assim, quando o novo governo anunciou uma reforma legal para subordinar o Judiciário ao Executivo, centenas de milhares de israelenses laicos saíram às ruas para protestar.

É revelador o fato de que qualquer manifestante que levantasse a questão dos territórios ocupados era imediatamente expulso do protesto. Os cidadãos seculares de Israel não protestavam contra o Israel do apartheid, mas contra o Israel teocrático.

No entanto, as manifestações constituíram um sério desafio não apenas para o governo mas também para a coesão da sociedade judaico-israelense. Os líderes dos movimentos de rua pertenciam às elites econômicas e à reserva das forças especiais e da Força Aérea, e ameaçaram retirar seu capital de Israel e recusar o serviço militar – ameaças que alguns deles começaram a cumprir.

Quando o Hamas cruzou a fronteira de Gaza no dia 7 de outubro de 2023, seus militantes invadiram um país no limiar da guerra civil. Essa guerra iminente foi esquecida naquele momento. Israel se uniu para punir todos os habitantes de Gaza pelas ações do Hamas. Mas as fissuras sociais continuam a se alargar. Existem poucas bases comuns entre os dois campos, que podemos chamar de Estado de Israel e Estado da Judeia. A Judeia é o Estado dos colonos que cresceram nos assentamentos judaicos da Cisjordânia. Hoje eles são uma força política importante, que visa transformar Israel num Estado ainda mais racista, fascista e teocrático.

Por outro lado, existe o Estado de Israel. É o velho Israel que se orgulhava de ser a "única democracia do Oriente Médio", uma sociedade secular e pluralista. O fato de isso só valer para a população judaica do país não pesa muito na consciência de seus cidadãos.

Claramente, não existe mais uma esquerda de verdade em Israel, tampouco um campo pacifista genuíno. Mas há indivíduos que ainda acreditam sinceramente na possibilidade de uma solução pacífica. E há partidos políticos que representam os cidadãos palestinos de Israel e também possuem um pequeno número de membros judeus. Uma minoria deseja trabalhar pela justiça em toda a Palestina histórica. Porém, ela é diminuta, e lhe falta capacidade de influenciar as políticas do governo israelense.

# 15

# O contexto histórico e moral do 7 de outubro de 2023

Iniciei este livro com as palavras do secretário-geral da ONU, António Guterres, sobre o 7 de outubro de 2023 – apenas uma leve crítica às políticas de Israel, simplesmente apontando a realidade do povo palestino que vive sob ocupação há 56 anos. Nesta altura, espero que todos consigam enxergar a verdade de suas palavras. Apesar disso, a reação de Israel foi frenética. O país rapidamente condenou a declaração. Membros do governo israelense exigiram a demissão de Guterres, a quem acusaram de defender o Hamas e justificar o massacre perpetrado pelo grupo palestino. A mídia israelense também pegou carona no caso, atestando que o chefe da ONU "havia demonstrado um espantoso grau de bancarrota moral".

A reação israelense ao respeitável e experiente secretário-geral da ONU explicitou um fato concreto e flagrante: Israel tem ampliado seus esforços para censurar qualquer questionamento ao Estado e a suas políticas, frequentemente sob a acusação de antissemitismo. Até o 7 de outubro, Israel investiu muito tempo e energia na construção de uma definição consensual de antissemitismo que incluísse críticas ao Estado israelense e à base moral do sionismo. Atualmente, até mesmo declarar que gerações de palestinos cresceram sob ocupação basta para evocar uma "caça às bruxas".

O esquecimento da história é útil para Israel, de modo que qualquer violência cometida pelos palestinos seja vista como uma bizarra atrocidade, compreensível apenas por seu desejo de aniquilar os judeus. Isso dá carta branca ao governo israelense para implementar políticas que teria evitado no passado, por questões éticas ou estratégicas. E os governos ocidentais seguem o exemplo.

O ataque de 7 de outubro de 2023 é usado por Israel como pretexto para lançar mão de políticas genocidas na Faixa de Gaza. Para os Estados Unidos, serviu de justificativa para reafirmar sua presença no Oriente Médio. Em alguns países europeus, o ataque do Hamas tem justificado a limitação das liberdades democráticas em nome de uma nova "guerra ao terror". A polícia de Berlim, por exemplo, proibiu canções em línguas estrangeiras em protestos; nos Estados Unidos, descendentes de sobreviventes do Holocausto foram presos em manifestações de solidariedade à Palestina.

Para que possa existir alguma esperança de paz e justiça em Israel e na Palestina, precisamos sempre ter em mente o contexto histórico. Devemos começar pelo ano de 1948. A maioria dos habitantes de Gaza é refugiada da limpeza étnica de 1948: a primeira, a segunda e agora a terceira geração de refugiados. Israel criou a Faixa de Gaza como um curral para limpar outras áreas da Palestina histórica. A Faixa de Gaza não existia antes de 1948. Como vimos, Gaza era uma cidade cosmopolita da Via Maris, entre o Egito e a Turquia. Essa faixa de terra, apenas 2% do território da Palestina histórica, transformou-se no maior campo de refugiados do mundo.

Desde 1967, os habitantes da Faixa de Gaza e da Cisjordânia vivem sob ocupação. As pessoas desses dois lugares integram a mesma comunidade, de modo que as políticas das duas áreas se influenciam mutuamente.

Sob administrações militares ou civis, a ocupação dos territórios fez com que virassem eventos cotidianos na vida palestina as detenções sem o devido processo legal, os assassinatos, a demolição de casas, a expropriação de terras e os abusos por parte de militares israelenses. Em 1987 e 2000, a frustração diante dessa perseguição implacável eclodiu em insurgência aberta: a Primeira e a Segunda Intifadas. A Terceira era apenas uma questão de tempo. O fracasso dos dois levantes também foi um fracasso da tendência secular do movimento de libertação em acabar com a subordinação dos palestinos. Nesse sentido, muitos deles encontraram nova esperança em grupos islâmicos como o Hamas e o Jihad Islâmico. Para muitos muçulmanos na Palestina, a incessante violação da santidade do Haram al-Sharif, o Monte do Templo em Jerusalém – onde fica a mesquita de Al-Aqsa, o terceiro lugar mais sagrado do Islã –, era um insulto que se somava à degradação que experimentavam na própria pele. Os cristãos palestinos, uma das mais antigas comunidades cristãs do mundo, faziam queixas similares sobre o tratamento israelense a seus locais sagrados em Jerusalém e Belém. Recentemente, por exemplo, Israel destruiu uma igreja ortodoxa em Gaza.

O Hamas e outros grupos palestinos alertaram diversas vezes que as prolongadas detenções de milhares de presos políticos e as provocações associadas ao Haram al-Sharif ocasionariam reações drásticas contra Israel. Eles invocavam o exemplo do movimento de 2021, quando, como vimos, os palestinos realizaram protestos em toda a Palestina histórica durante onze dias.

A Faixa de Gaza tem sido submetida a um cerco imperdoável desde 2006. Nesse período, as forças israelenses lançaram em média quatro ataques diários a Gaza, por terra, mar e ar. Metade dos habitantes tem menos de 21 anos, de modo que a realidade do cerco e dos bombardeios é a única que eles conhecem. A salvo no conforto de nossos lares, é difícil ter noção da capacidade destrutiva das bombas vendidas a Israel pelos governos do Ocidente. Um bombardeio aéreo do século XXI é muito pior que os descritos nos livros sobre a Segunda Guerra Mundial. Mesmo escapando dos ferimentos e da morte, o trauma jamais desvanecerá.

Em sua maioria, os combatentes do Hamas que participaram do 7 de outubro de 2023 eram jovens que aprenderam a linguagem da violência com as bombas lançadas por Israel sobre suas cabeças. Isso não pretende ser uma justificativa para o que eles fizeram. Mas não devemos ter muita certeza de que reagiríamos de forma muito diferente se vivêssemos cotidianamente submetidos ao mesmo trauma, sem solução à vista.

# Conclusão

Permitam-me resumir o que espero que este breve livro possa ensinar. Escrevi estas páginas para que pudessem ser lidas por qualquer pessoa interessada na história de Israel e da Palestina. Espero que as injustiças infligidas aos palestinos por mais de um século inspirem os leitores, onde quer que estejam, a se solidarizar com sua luta e a se posicionar contra sua opressão. Inicialmente, refutamos o mito de que a Palestina era uma terra despovoada – uma terra sem povo para um povo sem terra, como diz o lema sionista. Trata-se de uma completa mentira, que não resiste a uma simples consulta aos livros de história. Vimos como a sociedade palestina era, na realidade, próspera e diversa.

Igualmente importante é refutar a alegação de que as pessoas que viveram há dois mil anos na Palestina romana são ancestrais dos primeiros colonos sionistas que lá se estabeleceram em 1882. A colonização não pode ser justificada por frágeis conexões baseadas em antigos textos religiosos. Não é assim que funcionam a lei e os direitos na atualidade.

A segunda conclusão é que o Estado judeu começou a ser construído na Palestina histórica para servir aos interesses imperialistas da Inglaterra durante e após a Primeira Guerra Mundial. Ao ajudar o movimento sionista a constituir um Estado entre 1918 e 1948, os ingleses violaram a promessa de que os palestinos seriam tratados da mesma forma que outras nações incipientes – ou seja, que poderiam exercer seu direito de autodeterminação e obter sua independência política. Isso também tornou os britânicos cúmplices da limpeza étnica da Palestina em 1948.

A terceira conclusão é que, a partir do momento em que o movimento sionista escolheu a Palestina como território do novo Estado judeu, ele se transformou num movimento colonial de assentamento, com viés europeu, que buscava construir uma nova Europa fora da Europa, onde os judeus haviam se tornado indesejáveis. Em todos os casos, eles escolheram regiões já habitadas por outros povos. A população nativa desses lugares era vista pelos colonos judeus como um obstáculo a ser removido.

Ao classificar o sionismo como um movimento colonial de assentamento, entendemos as razões pelas quais, desde o início, pensadores e líderes sionistas escreveram sobre a necessidade de expulsar os palestinos. Esse enquadramento também explica por que o movimento sionista explorou as novas leis fundiárias dos ingleses para perpetrar os primeiros atos de limpeza étnica contra camponeses palestinos em meados dos anos 1920. A limpeza étnica continua desde então. Em 2023, esse processo chegou a extremos ainda mais violentos, ceifando a vida de dezenas de milhares de pessoas na Faixa de Gaza.

A quarta conclusão é que, embora muitos no Ocidente tenham vontade de apoiar lutas anticoloniais, especialmente contra um império rival, jamais estenderam a mão aos palestinos. O intenso lobby pró-Israel tem retratado a luta anticolonial palestina como uma sequência de atos brutais de terrorismo, sem nenhuma motivação. Está na hora de reconhecer o caráter anticolonial do movimento nacionalista palestino. No Sul global e em muitos setores da sociedade civil no Norte global, já não é mais aceitável rotulá-lo de "terrorista". Porém, sem o pleno reconhecimento global do direito dos palestinos de travar sua luta de libertação, o banho de sangue em Israel e na Palestina perdurará.

A quinta conclusão é que os chamados "esforços de paz" têm sido dominados pelos Estados Unidos desde 1967, e fracassam porque Washington e seus aliados europeus são mediadores desonestos. Sempre ignoraram o sofrimento e os direitos dos palestinos, convertendo o "processo" num escudo para permitir que Israel continue a ocupação e a colonização. Nesse contexto, mostramos que os Acordos de Oslo, saudados como "um generoso tratado de paz irracionalmente rejeitado pelos palestinos", não foram nada além de uma tentativa de substituir uma forma de ocupação por outra. Suscitaram esperanças infundadas e contribuíram para a eclosão da Segunda Intifada.

A sexta conclusão: a solução de dois Estados, o principal conceito subjacente aos chamados "processos de paz", fracassou miseravelmente. Não é mais praticável diante da presença de setecentos mil colonos judeus na Cisjordânia e da completa guinada à direita da política israelense, intensificada pelos acontecimentos de 7 de outubro de 2023. Essa solução não funcionará, porque suas premissas lógicas e morais são falhas. Ela se aplica apenas a uma pequena parte da Palestina (22%) e a uma parte do povo palestino. Uma solução genuína precisa abordar o problema dos refugiados e da minoria palestina em Israel. Isso só será alcançado por meio de um único Estado democrático, no qual todos, palestinos e israelenses, desfrutem de direitos iguais e liberdade de movimento em todo o território da Palestina histórica.

A sétima conclusão é que precisamos mudar a forma de falar sobre Israel e Palestina. Não faz sentido falar em paz, como se ambos estivessem igualmente errados, quando o processo do qual realmente tratamos é a descolonização. A Palestina histórica tem sido submetida a um colonialismo de assentamento há mais de um século, a um alto custo. A descolonização está intimamente associada a outros termos evitados pelo discurso político hegemônico no Ocidente quando se fala de Israel e Palestina: libertação e reconciliação.

Não possuo um roteiro de como esses nobres objetivos podem ser alcançados. O movimento pela libertação da Palestina terá de descobrir como implementar uma solução prática – uma solução que ofereça justiça para todos os que vivem na Palestina histórica, inclusive os judeus israelenses.

Por fim, o que vimos na Faixa de Gaza a partir de 7 de outubro de 2023 é o pior capítulo da história moderna de Israel e da Palestina. Com o tempo, esta guerra será lembrada como uma catástrofe impensável. É muito cedo para prever como isso afetará o futuro e o destino dos palestinos. Mas, se revisitarmos a história, como fizemos aqui, poderemos entender melhor a conexão entre as origens do sionismo na Palestina como um movimento colonial de assentamento e suas ações pautadas pela lógica da eliminação da população nativa. Compreenderemos por que a resistência palestina deve ser vista principalmente como uma luta anticolonial, apesar das ideologias professadas por seus integrantes.

A adoção do paradigma do colonialismo de assentamento enseja outras revelações. Qualquer solução futura precisará levar em conta o fato de que, nos últimos cem anos, a comunidade judaica de Israel cresceu até a substancial população de oito milhões de pessoas. Essa comunidade construiu um país moderno e um dos mais fortes exércitos do mundo para se preservar como um Estado judeu. E, no entanto, não consegue – ou pensa que não conseguirá – sobreviver sem oprimir os palestinos. Os palestinos continuam a resistir contra Israel e a desafiá-lo, apesar de todas as tentativas de removê-los da Palestina histórica, que vão da expulsão pela força até os bombardeios.

É evidente que Israel não está funcionando enquanto um projeto judaico. Parece haver pouquíssimas bases compartilhadas entre os judeus laicos e os judeus religiosos em Israel, além do ódio aos árabes em geral e aos palestinos em particular. Isso não basta para forjar uma identidade nacional estável – nem é algo de que uma pessoa normal possa se orgulhar.

A atual liderança israelense não oferece nenhuma visão de paz e normalidade a seus cidadãos num mundo árabe. Israel continua a se ver como um posto avançado do Ocidente, rodeado por árabes hostis, ainda que a maioria dos judeus israelenses não tenha imigrado da Europa. Apenas quando aceitar a realidade de seu passado e reconhecer a proximidade dos países de sua vizinhança geográfica imediata é que Israel poderá participar da construção de um futuro melhor para a Palestina histórica e para o Oriente Médio como um todo. Esperamos que esse dia chegue durante nosso tempo de vida.

# Sugestões de leitura

Existe uma vasta bibliografia de estudos especializados sobre o conflito Israel-Palestina. Eis uma breve seleção de obras que abordam os acontecimentos deste livro e que podem ser úteis.

ABUNIMAH, Ali. *The Battle for Justice in Palestine*. Chicago: Haymarket, 2014.

AKED, Hil. *Friends of Israel: The Backlash against Palestine Solidarity*. Londres: Verso, 2023.

ALLAN, Diana. *Voices of the Nakba: A Living History of Palestine*. Londres: Pluto, 2021.

ERAKAT, Noura. *Justice for Some: Law and the Question of Palestine*. Redwood City: Stanford University Press, 2020.

KARMI, Ghada. *One State: The Only Democratic Future for Palestine-Israel*. Londres: Pluto, 2023.

KHALIDI, Rashid. *The Hundred Years' War on Palestine*. Londres: Profile, 2020. [Ed. bras.: *Palestina: um século de guerra e resistência (1917-2017)*. Trad. Rogério W. Galindo. São Paulo: Todavia, 2024.]

KHALIDI, Rashid. *The Iron Cage: The Story of the Palestinian Struggle for Statehood*. Londres: Oneworld Publications, 2015.

LEWIS, Geoffrey. *Balfour and Weizmann: The Zionist, the Zealot, and the Emergence of Israel*. Londres: Bloomsbury, 2009.

MASALHA, Nur. *Expulsion of the Palestinians: The Concept of "Transfer" in Zionist Political Thought, 1882-1948*. Beirute: Institute for Palestine Studies, 2012. [Ed. bras.: *Expulsão dos palestinos: o conceito de transferência no pensamento político sionista, 1882-1948*. Trad. Leo Misleh e Teresa Bosco Ferreira. São Paulo: Sundermann/MEMO, 2021.]

MASALHA, Nur. *Palestine: A Four Thousand Year History*. Londres: I.B. Tauris, 2022. [Ed. bras.: *Palestina: quatro mil anos de história*. São Paulo: MEMO, 2023.]

MEARSHEIMER, John J. & WALT, Stephen M. *The Israel Lobby and U.S. Foreign Policy*. Nova York: Penguin, 2008.

PAPPE, Ilan. *The Biggest Prison on Earth: A History of the Occupied Territories*. Londres: Oneworld Publications, 2019. [Ed. bras.: *A maior prisão do mundo: uma história dos territórios ocupados por Israel na Palestina*. Trad. Alexandre Barbosa de Souza. São Paulo: Elefante, no prelo.]

PAPPE, Ilan. *The Ethnic Cleansing of Palestine*. Londres: Oneworld Publications, 2007. [Ed. bras.: *A limpeza étnica da Palestina*. Trad. Luiz Gustavo Soares. São Paulo: Sundermann, 2012.]

PAPPE, Ilan. *The Making of the Arab-Israeli Conflict, 1947-1951*. Londres: I.B. Tauris, 2015.

PAPPE, Ilan. *Ten Myths About Israel*. Londres: Verso, 2017. [Ed. bras.: *Dez mitos sobre Israel*. Trad. Bruno Cobalchini Mattos. Rio de Janeiro: Tabla, 2022.]

SAID, Edward. *The Question of Palestine*. Nova York: Vintage, 1992. [Ed. bras.: *A questão da Palestina*. Trad. Sonia Midori. São Paulo: Editora Unesp, 2012.]

SHAMBROOK, Peter. *Policy of Deceit: Britain and Palestine, 1914-1939*. Londres: Oneworld Publications, 2023.

SHLAIM, Avi. *The Iron Wall: Israel and the Arab World*. Nova York: Penguin, 2014. [Ed. bras.: *A murallha de ferro: Israel *e o mundo árabe*. Trad. Maria Beatriz Penna Vogel. Rio de Janeiro: Fissus, 2004.]

SHLAIM, Avi. *Three Worlds: Memoirs of an Arab-Jew*. Londres: Oneworld Publications, 2023.

SHOHAT, Ella. *On the Arab-Jew, Palestine, and Other Displacements: Selected Writings of Ella Shohat*. Londres: Pluto, 2017.

WOLFE, Patrick. "Settler Colonialism and the Elimination of the Native", *Journal of Genocide Research*, v. 8, n. 4, p. 387-409, 2006.

Foto: Rebeca Figueiredo

**ILAN PAPPE** nasceu em Haifa, em 1954, filho de judeus alemães fugidos da perseguição nazista. Especialista na história contemporânea de Israel, foi professor na Universidade de Haifa entre 1984 e 2006, quando foi demitido por aderir ao boicote cultural às universidades israelenses. Mudou-se para a Inglaterra, onde assumiu a direção do Centro Europeu de Estudos Palestinos da Universidade de Exeter. É um dos mais importantes e prolíficos autores sobre a Questão Palestina. Entre seus muitos livros, foram traduzidos para o português *A maior prisão do mundo: uma história dos territórios ocupados por Israel na Palestina* (Elefante, 2025), *Dez mitos sobre Israel* (Tabla, 2022), *A limpeza étnica da Palestina* (Sundermann, 2016) e *História da Palestina Moderna* (Caminho, 2007). Em 2017, recebeu do Middle East Monitor o prêmio Lifetime Achievement Award pelo conjunto de sua obra dedicada à história da Palestina.

Título original:
*A Very Short History of the Israel-Palestine Conflict*


This translation is published by Elefante by arrangement with Oneworld Publications Limited through LVB & Co. Agência e Consultoria Literária

Primeira edição, maio de 2025
Primeira reimpressão, agosto de 2025
São Paulo, Brasil

---

Dados Internacionais de Catalogação na Publicação (CIP)
Angélica Ilacqua CRB-8/7057

---

Pappe, Ilan
Brevíssima história do conflito Israel-Palestina / Ilan Pappe; tradução de Alexandre Barbosa de Souza. – São Paulo: Elefante, 2025.
176 p.

Bibliografia
ISBN 978-65-6008-072-0

Título original:
A Very Short History of the Israel-Palestine Conflict

1. Conflito Árabe-israelense I. Título II. Souza, Alexandre Barbosa de

25-1127 CDD 956.940

---

Índice para catálogo sistemático:
1. Conflito Árabe-israelense

---

**elefante**
editoraelefante.com.br
contato@editoraelefante.com.br
fb.com/editoraelefante
@editoraelefante

**TIPOGRAFIA** Gal Gothic, Magno Sans & Publico
**PAPEL** Supremo 250 g/m² & Pólen Bold 70 g/m²
**IMPRESSÃO** Margraf